昭和の指導者

Ryoichi Tobe
戸部良一

中央公論新社

まえがき

「時代が指導者をつくるのか、それとも指導者が時代をつくるのか」

元アメリカ大統領のリチャード・ニクソンによれば、これはいつも繰り返される論争だという。ニクソンは、どちらも少しずつ正しく、どちらも完全には正しくない、といったところが真理だろうと述べている（『指導者とは』文春学藝ライブラリー、二〇一三年）。

では、「指導者不在」と呼ばれる時代は、どう考えればいいのだろうか。時代が指導者を不要としているのか。それともリーダーシップの欠如した指導者や、大勢に順応するだけの指導者がその時代を動かしているのか。

私は、典型的な「指導者不在」の昭和戦前期の政治外交史を主な研究対象としている。それゆえ、この「指導者不在」という現象を、その原因・理由を含めて、何とか説明できないものかともがいてきた。

この問題意識は、歴史家としての関心だけから生まれてきたのではない。昭和戦前期になぜリーダーシップを欠いた指導者しか舞台に登場しなかったのか、その原因・理由を明らかにできれば、現代日本の「指導者不在」についても、処方箋は得られないにせよ、何らかの示唆は得ることができるだろう、と考えたのである。

昭和戦前期がなぜ「指導者不在」の時代であったかを説明しようともがいてきた過程で、日本の近現代史がつねに「指導者不在」の時代だったわけではない、というあまりにも当たり前のことに気がついた。たとえば明治維新では、幕末の動乱期を乗り切った若き指導者たちが旧体制を打破し、新国家建設を通して近代化を達成した。大東亜戦争（太平洋戦争）後の復興に際しても、敗戦による政財界の指導者交代もあって、新しい国家づくりをめざすすぐれた指導者が舞台に登場した。

明治維新の契機となったのは黒船来航に象徴される重大な対外的危機であったし、敗戦も日本にとって深刻な国家的危機であった。したがって、危機がすぐれた指導者を呼び起こし表舞台に登場させる、と考えてしまいがちだが、これも真理の半面にすぎないだろう。歴史上、危機にならなければ有能な指導者は出現しない、などということはないからである。さらに、満洲事変から敗戦までの昭和戦前期は、「非常時」から戦争へと進んだ典型的な危機の時代であったが、にもかかわらず「指導者不在」の時代でもあった。

数年前、当時の勤務先である国際日本文化研究センター（日文研）で共同研究を組織することになった。「近代日本における指導者像と指導者論」というもので、明治から現代までの政治、外交、軍事、マス・メディアなど各界の指導者を取り上げ、近現代の日本人がどのような指導者像を描き、いかなる役割を指導者に求め、指導者のあるべき姿としてどんなことを論議してきたのかを研究対象とした。この共同研究のなかで、私は宇垣一成という軍人・政治家を取り上げ、一九三〇年代に彼が首相候補と目されたときに、人々は宇垣に何を期待したのかを考察した。当時の日本人も「指導者不在」を嘆いていたことを知って、思わず苦笑してしまった（この共同研究の成果は、戸部良一編『近代日本のリーダーシップ』〔千倉書房、二〇一四年〕として刊行）。

日文研の共同研究と同じころ、経営学者の野中郁次郎氏が主宰する研究会にも加わった。かつて防衛大学校（防大）に勤務していたとき、当時同僚の野中氏が組織した研究会に参加して『失敗の本質』（ダイヤモンド社、一九八四年：中公文庫、一九九一年）の共著者となった。畑違いでありながら、野中氏からはいろいろ研究上のインスピレーションを得ることができた。彼があらためて立ち上げた研究会では、一九八〇年代を大転換期ととらえ、そのときの世界に登場した国家指導者たちを、組織論的な観点から比較分析した。私は、中曽根康弘を研究対象とした。この研究会では、すぐれた国家指導者が持つべきものとして歴史的構想力と理想主義的プラグマティズムを指摘する野中氏から、多くのことをあらためて教えられた（この共同研究の成果は、野中／寺本／戸部編『国家経営の本質』〔日本経済新聞出版社、二〇一四年〕として刊行）。

この二つの共同研究に従事していたとき、防大勤務時代の教え子に依頼され、『鵬友』という航空自衛隊の幹部自衛官向けの雑誌に連載の執筆を求められた。考えた末、上記の二つの研究会で議論されていることを参考にして、昭和の指導者を論じてみることにした。それが本書の母体となったものである。

この連載は、二つの共同研究から少なからぬ影響を受けながら、研究論文的にならないよう、ある意味で自由気儘に、あまり肩ひじ張らずに書いた。ときには大胆に、しばしば私自身の主観に基づく解釈を交えながら、「独断と偏見」を恐れず、エッセイ風に執筆した。当時、一部で話題になっていたテレビ番組の『さかのぼり日本史』にならって、新しい例から古い例にさかのぼり、中曽根康弘、吉田茂、東条英機、近衛文麿、浜口雄幸、昭和天皇の六人を取り上げた。昭和天皇を除く五人はいずれも首相となった人物である。指導者を扱うなら、やはり国家指導者を取り上げるのが正攻法だと考えたからにほかならない。中曽根を最初に取り上げたのは、言うまでもなく、そのとき野中氏主宰の研究会で彼を研究対象としていたからである。

　取り上げた六人のうち中曽根と吉田は、戦後に指導者となった人物である。六回連載で、中曽根から始めるとすれば、もう一人くらい戦後の指導者を取り上げないとバランスがとれないだろうという、まことにいい加減な理由からそうしたのだが、意図せざる結果として、戦前と戦後の比較という文脈を持ち込むことになった。この比較の文脈からすると、戦前の「指導者不在」はどう見えるのか、ということも考えさせられた。

　二つの共同研究とこの連載エッセイ執筆を通して、本来の課題である昭和戦前期の「指導者不在」の原因究明にどれだけ迫ることができたのか、確信は持てない。ただ、すぐれた国家指導者として、どんな資質が必要なのかという問題については、ある程度まで自分なりの見解を示すことができるようになったと思う。本書の終章で、結論として提示することにしたい。

　結論の後に、日文研の共同研究の報告書に執筆した宇垣一成についての論文を、補論というかたちで付け加えた。宇垣は、首相となったわけではないが、かなり長い期間、首相候補と目され、さまざまな方面から国家指導者として期待を寄せられた人物である。この論文では、宇垣はなぜ、そしてどのような点で指導者として期待されたのか、また期待されたにもかかわらず、どうして彼は首相にはなれなかったのか、といったことを考察した。連載エッセイとはスタイルが異なり、やや堅苦しい論文調だが、考察の対象時期が重なり、著者としての問題意識も連続しているので、補論とした次第である。

なお、結論部以外の本文は、基本的に連載時のものをそのまま掲げることとする。ただし、連載執筆時にそのときの話題にことよせて書いた部分が、現在ではほとんど意味をなさない場合は、それを削除した。また、連載執筆後に、明らかに間違いと判明した部分は訂正した。漢字は原則として新字体を用い、読みにくい場合にはルビを振った。

昭和の指導者

目次

昭和の指導者

第一章　中曽根康弘

ボン・サミットにて（1985年５月、dpa／時事通信フォト）

一九一八（大正七）年群馬県生まれ。東京帝国大学法学部卒業後、内務省に入省。四六年退官し、翌年の衆議院議員選挙で初当選。運輸大臣、防衛庁長官、自民党幹事長、同総務会長などを歴任。八二～八七年内閣総理大臣。連続二〇回当選の後、二〇〇三年政界を引退。現在、中曽根康弘世界平和研究所会長。

訪韓

中曽根康弘が首相に就任した一九八〇年代初頭、日本は転換期にさしかかっていた。内政的には戦後の占領期につくられた法制度を含む政治システムが制度疲労の徴候を現しつつあった。対外的には、依然として冷戦構造が続くなかで日米同盟体制への「馴れ」のようなものが生じつつあった。そうしたときに、中曽根はいわゆる保守本流とは異なる政権を率い、「戦後政治の総決算」というスローガンを掲げた。そして日本は、中曽根のリーダーシップのもとで、転換期を何とか乗り切ってゆく。

では、中曽根のリーダーシップ（政治指導力）はどのように発揮されたのか。まず、外交面からながめてみよう。

中曽根政権が発足したのは一九八二（昭和五十七）年十一月二十七日、それからひと月半後に中曾根は韓国を電撃的に訪問する（八三年一月十一日〜十二日）。それは歴代首相初の韓国訪問であった。中曾根は首相に就任すると直ちに瀬島龍三（伊藤忠元副社長）を密使として派遣し、下工作と準備を進めていたのである。実は、中曾根政権登場以前、日韓関係は援助問題をめぐってこじれていた。日本の安全保障にとって韓国が重要な役割を果たしているという事実を根拠に、韓国は日本に援助を要請したが、韓国が要請する金額と日本が応じようとする金額との間にかなりの開きがあった。さらに、金をもらうほうが金額を指定するのはおかしいとの日本外相の発言が韓国側の神経を逆なでした。

こうしたなかで、中曾根は自ら訪韓することによって韓国側の対日感情を和らげ、援助問題にも決着をつけた。ソウルでの歓迎晩餐会で彼が韓国語でスピーチしたことも驚きと好感をもって迎えられた。

中曾根の訪韓と対韓関係改善はアメリカに対する戦略的メッセージでもあった。日本が東アジアの安定に建設的役割を果たす意志と能力を持っていることを示したのである。こうした中曾根の行動は、かつて岸信介が首相就任直後に実行した行動にならったもののようである。岸は一九五七年、首相就任後の最初の外交日程として東南アジアを訪問し、アジアにおける日本の存在感を強く印象づけたうえで訪米したのであった。岸首相の東南アジア歴訪に随行した中曾根は、岸の外交戦略を間近で学んだのだろう。

「不沈空母」

中曽根政権発足時点では日米関係もこじれていた。鈴木善幸前首相が日米安保条約は軍事同盟ではないと言わんばかりの発言をし、アメリカ側の怒りと反撥を買っていた。日本の経済力増大に伴い、日米間の貿易摩擦もきびしくなっていた。

中曽根は対米関係改善のための第一歩としてアメリカに対する武器技術の供与に踏み切る。武器技術供与は武器輸出三原則に抵触するという内閣法制局の抵抗を排した決断であった。訪韓の直後に中曽根は訪米する（一月十七日〜二十一日）。訪米中、アメリカの新聞記者のインタヴューを受け、大きく取り上げられたのが日本列島「不沈空母」発言であった。もともとは、ソ連の爆撃機が日本領土の上空に入ってくることは絶対に許さないという趣旨の中曽根の発言を通訳が「不沈空母」と要約したものであったが、インタヴューの録音を聞き直した新聞社側が訂正を申し入れると、中曽根はその必要はないと答えた。予想どおり日本では物議を醸したが、アメリカ側は「不沈空母」発言を評価した。鈴木前首相の軍事同盟否定発言によって生じた日米間のしこりが、ようやくとけたと言えよう。

このときの訪米によって中曽根はレーガン米大統領との間に厚い信頼関係を築くことにも成功する。それはこの年アメリカで開かれたウィリアムズバーグ・サミット（五月二十八日

〜三十日）で、さらに強められる。ソ連のＳＳ20に対抗してアメリカも中距離弾道ミサイルのパーシングIIをヨーロッパに配備することに関し、レーガンがその推進を共同声明に盛り込もうとしたのに対し、ヨーロッパ首脳は必ずしも積極的ではなく、特にミッテラン仏大統領がサミットは経済的な面での国際協調を図る場であって政治問題はなじまないと述べたとき、中曽根は西側諸国の結束を訴え、レーガンを支持したのである。

レーガンの中曽根に対する信頼が高まったことは言うまでもない。この年の晩秋、レーガン夫妻が来日するが、中曽根は夫妻を西多摩の別荘（日の出山荘）に招待し、うちとけた雰囲気のなかで親交を深めた。いわゆるロン・ヤス関係が築かれたのである。

ロン・ヤス関係が築かれたからといって、日米間の貿易摩擦が緩和されたわけではない。むしろ、日本の対米輸出自主規制や非関税障壁撤廃を求めるアメリカの要求はきびしさを増した。ただ、レーガンは中曽根の困るようなことは控えよと指示したと言われ、また中曽根も「アメリカにとって深刻な問題かどうかは、レーガンの顔を見ていればわかる」（中曽根康弘『中曽根康弘が語る戦後日本外交』新潮社、二〇一二年）と言うほど、首脳間の信頼関係が日米関係全般に及ぼした影響は大きかった。

抑制された自己主張

ウィリアムズバーグ・サミットでの発言に見られるように、中曽根の言動はそれまでの日本の首相とは異なるイメージを強く印象づけた。従来サミットでの日本の首相の態度は受動的かつ消極的になりがちだったが、中曽根はそうした印象を覆した。首脳が並ぶ記念写真でも中央に立ち、国際社会での日本の存在感を強めた。少なくとも日本国民の多くはそのように感じ、経済力に見合う政治的発言力を持つことに自信を深めた。

その後もサミットで中曽根は積極的に発言し続けた。ときには西側結束のイニシアティヴを取り、ときには米欧間の意見の調整役を務めた。ＩＮＦ（中距離核戦力）問題については、ヨーロッパからのＳＳ20撤去を求める西側の主張に賛同すると同時に、撤去されたＳＳ20を極東地区に再配備させないことを主張し続けた。これを実現したＩＮＦ全廃条約が成立したのは中曽根政権の退場後のことであったが（一九八七年十二月八日）、その成立に果たした中曽根の貢献も小さくはなかったと言えよう。

西側の結束、対米関係の強化という点では、レーガンが打ち出したＳＤＩ（戦略防衛構想、いわゆるスターウォーズ構想）に対していち早く支持を表明し、その研究に参加する決定を下したことも指摘しておくべきだろう。ＳＤＩに象徴されるアメリカの戦略的科学技術の優位が、紆余曲折を経てソ連の崩壊をもたらしたとすれば、中曽根もそれに、間接的には一役買ったと言えるかもしれない。

中曽根は首脳外交を実践し、人間的な関係が外交を決定するとして、サミットやその他の外交の場で「人間中曽根」を印象づけることに努めた。それは多くの面で成功を収めたが、それだけですべてがうまくゆくというわけでもなかった。日米経済摩擦は解消できなかったし、日ソ関係、日中関係でも大きな成果をあげることはできなかった。

日中関係については、中曽根は国家主席の胡耀邦に期待をかけていたようである。一九八四年、中曽根は現職首相として戦後初めて、靖国神社に「私人」という立場で年頭参拝し、翌八五年八月十五日、終戦四〇周年に靖国神社を公式参拝したが、それが胡耀邦の国内的な立場を悪くしていると伝えられると、彼に配慮して翌年は参拝を見送った。だが、八七年初頭に胡耀邦は失脚し、日中関係を進展させることはできなかった。

中曽根は外交を実践するうえで人間的な関係を重んじるとともに、そこに戦略的思考を反映させた。安全保障の観点から、まずアメリカ重視を打ち出し、次いで韓国との関係を重視したのはその表れである。

中曽根の「外交四原則」なるものも興味深い。それは、「実力以上のことはやらない」「賭けでやってはならない」「内政と外交は互いに利用し合わない」「世界の正統な潮流に乗る」の四項目である。昭和戦前期の失敗の教訓を的確に踏まえた基本的な原則であり（中曽根康弘『自省録』新潮社、二〇〇四年）、一見派手なパフォーマンスの陰に、リアリスティックな冷めた戦略眼があったことを見落とすべきではないだろう。

アメリカとの関係を強化し、経済大国として影響力を強めながら、日本は脅威とはならないことを、アジア諸国に対して中曽根は事あるごとに説いたという。戦後日本が遵奉してきた価値、平和主義と自由民主主義の尊重に変わりはないことを論じ、経済的には大国となっても、軍事的にはあくまで非核中級国家であり続けることを、中曽根は主張した。

こうした自己規定と西側結束の訴えが、国際政治の安定に寄与したことは疑いない。ニクソン・ショック以来のアメリカの相対的な影響力低下と、日本の経済大国化が世界のパワー・バランスを微妙に変化させつつあったとき、日本の抑制された自己主張は大きな意味を持ったからである。

中曽根は政権にあった五年間、五回のサミットに出席し（そのうち八六年には東京サミットを主催）、二七回外国（二九ヵ国）を公式訪問した。特に政権前半期は外交面での活躍が目立った。ただし、中曽根自身は、自分の首相としての仕事は外交四割、内政六割だと考えていたという。では、内政面では、どのようなリーダーシップを発揮したのか。

「戦後政治の総決算」

中曽根が政権発足時にスローガンとして掲げた「戦後政治の総決算」は、主に内政に関わっている。ただし、「総決算」といっても、中曽根は戦後政治を否定していたわけではない。彼は、戦後日本が築き上げたものを、安土桃山時代、明治時代が築いたものに匹敵するとし、ある点ではそれを凌ぐとさえ述べている。しかも、戦後日本の業績は、新憲法と日米安保条約を基盤とし、国民の努力によって築かれたものである、と中曽根は言う。

したがって「総決算」とは、戦後政治の否定ではなく、それを抜本的に見直し、タブーをつくらず、行き詰まりを打破して改革に進むことを意味したのである。それは、制度疲労をきたした戦後の政治行政システムを見直すことであった。福祉国家化の行き過ぎ、官に依存しがちな官民関係、生産者米価と消費者米価との差額補塡や国鉄赤字による財政逼迫、経済的繁栄に伴う人心の荒廃などが見直し・改革の対象とされた。中曽根は、行政改革、税制改革、教育改革の三つの改革をめざした。

結論を先に言えば、この三つの改革のうち成功したのは行政改革だけである。教育改革は一九八四年八月、内閣の下に臨時教育審議会（臨教審）を設置したが、実効をあげることができなかった。税制改革は八七年二月に売上税法案を衆議院に提出するまでには至ったが、法案を成立させることができなかった。

行政改革は、中曽根が鈴木内閣の行政管理庁長官時代から手がけてきたものであり、彼の政権下で劃期《かっき》的な成果をあげた。鈴木内閣で設置された第二次臨時行政調査会（臨調）が最終報告書を提出したのは、中曽根内閣成立後の八三年三月である。これに応じて中曽根内閣は同年七月、臨時行政改革推進審議会（行革審）を発足させた。行革の最も大きな成果は、国鉄、電電公社、専売公社の民営化である。このうち国鉄については、八四年八月に、国鉄再建委員会が分割・民営化を提言し、その方向への改革が進められた。八六年十一月には、国会で国鉄分割・民営化関連法が成立、八七年四月、全国七社から成るＪＲグループが発足した。なお、電電公社は中曽根が意図した分割は実現しなかったが、八四年十二月に民営化が決定し、翌八五年四月、ＮＴＴが発足した。専売公社も民営化され、ＮＴＴと同時に日本たばこ産業が発足している。

行政改革を進めた中曽根の政治手法について、第一次中曽根内閣の官房長官を務めた後藤田正晴は次のように語っている。

中曽根さんの改革の政治手法、これが大変巧妙だったと思いますね。ともかく方向性の固まったものから先に答申してもらいたい、しかも実現可能性をよく頭に置いてやってもらいたいと、注文をつけたんです。もうひとつは、答申が出るとすぐに政府与党首脳会議で了承を取り付けるんですよ。〔中略〕次いで、その答申を最大限尊重するという閣議決定をやる。その閣議決定を受けて内閣官房と各省に対して、実施・実行までのタイムスケジュールを作らせる。〔中略〕工程表を作らせるんです。その中には、いつまでになにをやるかを書いてある。しかも法律を必要とするのか、政令でできるのか、省令でできるのか、こういうことまで全部書き込ませるんですよ。それを今度は党側にオーソライズさせる。その結果、党と政府が一体となって取り組んでいくと、こういう政治手法を取ったんですよ。

（後藤田正晴『情と理――後藤田正晴回顧録』下、講談社、一九九八年）

中曽根は、行革審に問題ごとに実現性を重視した答申を出させ、その都度、政府と与党の了解を取り付け、関係省庁には実現までの具体的なタイムスケジュールをつくらせた。それは、スピード感覚を重視する中曽根の政治姿勢に由来するものでもあった。彼は次のように述べている。

まず第一に大事なことは、戦略的着眼と政策の展開ということです。〔中略〕第二に大事なことは、テンポとリズムに合わせる政治。つまり、先手必勝ということです。〔中略〕第三番目は、中長期の計画を提示していくということです。〔中略〕その次に大事なものは、人間の配置です。

（第十一回自民党全国研修会講演〔一九八七年八月〕「戦後政治の総決算とは何か――中曽根政

治の原点と展開」『中曽根内閣史――資料篇』世界平和研究所、一九九五年）

政治家が、何であれ、事を上手く成就させようと願うなら、事前の準備の綿密さはもちろんのこと、迅速な速度感をもって行なうことが絶対に必要なのです。こと政治に関して言えば、スピードのない仕事は往々にして国の命取りになりかねません。いつの時代においても、これは指導者の鉄則です。（前掲『自省録』）

このようにスピード感をもってテンポよく行革を進めてゆけば、国民はその実績を評価し支持を与える。中曽根は行革の具体的目標をひとつずつ掲げ、その実現の目途をつけることにより、国民の支持を継続的に得ようとした。彼に言わせれば、「行革はグライダーで、国民の支援の風が吹かなければすぐ墜落する」（中曽根康弘『政治と人生――中曽根康弘回顧録』講談社、一九九二年）ものであった。それゆえ、国民支援の風を吹かせ続けなければならなかったのである。そして、高い内閣支持率が示したように、風は吹き続けた。

「人間の配置」

後藤田は、「この難しい課題に中曽根さんが取り組んだのは、役人の経歴が短かったからであろう。〔中略〕役人の経歴がある人は、行革の難しさを膚《はだ》で知っているから手を出さないものである」と述べている（後藤田正晴『政と官』講談社、一九九四年）。たしかに、中曽根は一九四一年東京帝国大学卒業後、内務省官吏となったが、入省とほぼ同時に志願して海軍に入ったので、官僚生活は戦後復員してから政治家に転身するまでの期間で二年にもみたない。内務省では中曽根の先輩で、戦後の内務省解体後も警察官僚としての経歴を全うした後藤田とは、大きな差があった。

ただし、中曽根が大胆な行革に踏み切れたのは、官僚としての経歴が短かったから、とばかりは言い切れないだろう。中曽根と官僚との関係については、もうひとつ重要なことを指摘しておく必要がある。それは、彼が一貫して傍流の少数派閥に属したため、自民党政治家の中では官僚との密着度が相対的に低かったということである。官僚との間にそれなりの距離があったということは、自民党政治あるいはそれまでの政治システムの行き詰まり現象のひとつである「族政治」のしがらみから、中曽根がある程度自由だったことを意味する。彼の改革の大胆さは、そこにも由来していたように思われる。

と同時に、中曽根は官僚に改革の必要性を理解させ、彼らをうまく使いこなさなければ、行革はスムースに進行しないことも承知していた。後藤田を官房長官に起用したのは、そこに狙いのひとつがあった。官僚を長く務め、官房副長官を務めたこともある後藤田は、官僚機構の勘所を押さえ、官僚を操縦するのに打ってつけだったからである。

後藤田の起用に見られるように、中曽根は人事に周到な配慮をした。それを中曽根は、先に紹介した引用では、「人間の配置」と称している。行革では、中曽根の行った人事が絶妙であった。第二臨調・行革審のトップには清貧で知られた財界指導者、前経団連会長の土光敏夫を起用し、それを支える参謀役として瀬島龍三を配した。土光の後任は日経連会長の大槻文平が務めた。

国鉄の分割・民営化にあたっては、仁杉巌（国鉄OB、元西武鉄道副社長）を総裁に起用したが、彼が分割反対派に取り込まれると、反対派の副総裁・理事と一緒に辞任させた。電電公社総裁には、田中角栄に近く公社内でも隠然たる勢力を有する副総裁の北原安定を排し、真藤恒（石川島播磨重工業前社長、土光の元部下）を起用して、民営化を強力に進めた。

三公社の民営化を含む行革は、占領期の戦後改革から三〇年あまりを経た日本にとって、必然的とも言える時代の要請であった。と同時に、それはアメリカでレーガンが、イギリスではサッチャーが実践しつつあった「新自由主義」と呼ばれる世界の潮流でもあった。行革の成功は、中曽根のそれにかけた熱意と政治手法によるところが大きかったが、世界の潮流に乗り時宜を得ていたことも、その成功を後押ししたのである。

「教養」

中曽根のリーダーシップはどのような要因によってかたちづくられていたのか。まず第一に指摘しなければならないのは、彼の教養である。中曽根は一九一八（大正七）年、群馬県高崎市の材木商の家に生まれた。豪商ではないとしても、裕福な家庭に育ったと言うべきだろう。幼少時から少年時代にかけては、クリスチャンの女学校を出た母の影響が強く、その影響で『聖書』を読むようになった。一九三五（昭和十）年、静岡高等学校に進学した。在校中に支那事変（日中戦争）が始まり、世相はきびしくなっていたが、高校にはまだ「大正教養主義」の名残があり、中曽根は寮生活を送りながら、人生とは何か、国家とは何か、を仲間と語り合った。フランス語クラスだったので、パスカルの『パンセ』を読み、『古事記』『徒然草』など日本の古典に親しんだ。後に出征するとき、彼は『聖書』と『茶味』とシューベルトの「冬の旅」のレコードを持って行ったという。

このような旧制高校時代の古典的教養が中曽根のリーダーシップの根底にあった。彼自身、「首相時代に武器となったのは、高校、大学時代に培った教養でした」と述べている（前掲『中曽根康弘が語る戦後日本外交』）。自分の武器が「教養」であったと衒《てら》いもなく述べるあたりが、いかにも中曽根らしいと言えるかもしれない。

高校・大学時代に培った教養に加えて、政治家になってからの幅広い読書もその教養に厚みを加えた。首相に就任した後の地方視察で関西方面に赴いた中曽根は、一九八四年秋、新京都学派の学者たちとの懇談を望んだ。懇談に参加したのは、桑原武夫、貝塚茂樹、今西錦司、梅原猛、梅棹忠夫、上山春平の錚々《そうそう》たるメンバーである。梅原猛によれば、懇談での会話から判断して、中曽根は参加者たちの代表作くらいには目を通していたと思われたという（梅原猛「国際日本文化研究センター」『中曽根内閣史――理念と政策』世界平和研究所、一九九五年）。ちなみに、この懇談が契機となって国際日本文化研究センター（日文研）設立が本格的に動き出したと言われる（猪木武徳ほか編『新・日本学誕生――国際日本文化研究センターの25年』角川学芸出版、二〇一二年）。中曽根は、日文研のいわば産婆役を果たしたと言えよう。

新京都学派だけでなく、中曽根は首相となる前から、学者・文化人と積極的に交流を図った。その代表的な例は演出家の浅利慶太である。レーガン米大統領夫妻が来日したとき、日の出山荘に招待し、質素ながら心のこもったもてなしをして大統領夫妻を感激させたのは、浅利の演出によるものであったと言われる。

中曽根の教養は、列国首脳との会談、特にサミットの場でものをいった。中曽根は教養に根差す「文化」を語ることができたのである。「私は戦争経験もあり、日本人としてのプライドもある。〔中略〕日本文化は欧米文化に負けないという思いがあるし、サミットに行く以上は、日本文化を代表しているという意識がありました」と彼は回想している（前掲『中曽根康弘が語る戦後日本外交』)。

教養は、むろん、サミットという特定のケースでの効果だけにつながったのではない。彼の政治生活全般、首相としての起居動作、日常的な政治的判断、非常時の決断の基盤を構成していたと考えるべきだろう。「危機に立つ責任ある政治家は、政策を語る前に政治にかける『哲学』と『熱情』を国民の前に明らかに示さなければならない、と私は考える」(中曽根康弘『新しい保守の論理』講談社、一九七八年)とか、「権力は決して至上ではありません。権力、とくに政治権力は、本来、文化に奉仕するものです。文化発展のため、文化創造のためのサーバント(奉仕者)なのです」(前掲『自省録』)といった主張は、中曽根にとっての教養の意味をよく示している。

修羅場の経験

第二に、中曽根のリーダーシップをかたちづくったものとして、修羅場の経験を見落とすわけにはゆかない。中曽根は前述したように内務省に入省後、直ちに志願して海軍経理学校に入校し、同校を卒業して海軍主計中尉に任じられた。大東亜戦争(太平洋戦争)開戦時に中曽根は、飛行場設営のために徴用工員を率いて戦地に赴いたが、輸送船に乗ってボルネオのバリックパパンに接近した際、船団が敵の攻撃を受け多くの工員を死なせてしまう。彼の戦争経験は、激戦地での言語に絶する体験に比べれば悲惨さと深刻さの程度が軽いものだったかもしれない。ただし、中曽根が海軍軍人として戦争を体験し、主計士官でありながら集団を率いたこと、戦火の洗礼を受けて「部下」を死なせるという修羅場をくぐったことの意味は大きいと考えるべきだろう。

生死に関わるそうした修羅場とは性質を異にするが、政界で少数派閥を率いて激しく戦った権力闘争も修羅場に相当する。中曽根は、一九四七年の第二十三回総選挙（戦後二回目、新憲法下では一回目）に地元群馬から立候補し、当選した。二八歳であった。彼は、吉田茂が率いる保守第一党の自由党ではなく、民主党に属した。その後、中曽根が所属する政党は民主党から国民民主党、改進党、日本民主党と党名を変えた。一九五五年、保守合同により自由民主党が発足すると同党に参加し、自民党内で春秋会（河野一郎派）に属した。河野派は少数派閥で党人派が多く、保守本流として吉田政治を継承する池田勇人派（宏池会）や佐藤栄作派（周山会）とはつねに対抗関係にあった。

一九五九年、岸内閣の科学技術庁長官に就任し四一歳で初めて大臣になってから、六七年に佐藤内閣の運輸大臣になるまで、中曽根は七年も閣僚ポストについていない。それは、将来首相となることを自らに誓った中曽根にとって雌伏の時代であり、党内「野党」の立場に徹した時代でもあった。この時期は池田勇人、佐藤栄作と、吉田茂の人脈に連なる「保守本流」の時代であったから、大臣になりたくても、なれなかったのかもしれない。六六年、河野派を引き継いで新政同志会を結成し、中曽根は派閥の領袖となった。派閥抗争の渦中にあって、少数派閥の領袖の立場はかなりきびしく、苦しいものであったに相違ない。彼は「風見鶏」とよく批判されたが、それは党内の権力バランスの変化を注視し、それに応じて派閥の維持を図らねばならない彼の立場をよく物語っている。

中曽根は、大平正芳について次のように語っている。

〔前略〕大平君は派閥を前尾繁三郎さんに反逆して奪い取って、しだいに人間的な幅なり重さなりが出てきたのでしょう。人を惹きつけるものを修練で得ていたわけです。今の若い人たちには、そういう「何か」がありません。この差は大きいのです。

（前掲『自省録』）

中曽根は、大平が派閥（宏池会）を先輩の前尾から奪い取ったことを批判しているのではない。むしろ、そうした体験が大平を政治家として大きくした、強くしたと評価しているのである。大平に対する中曽根の共感・評価は、保守傍流として、ときには権謀術数を用いて少数派閥を維持してきた彼自身の体験に基づくものであったのだろう。

演技力

第三に、中曽根の演技力を、リーダーシップをかたちづくった重要な要素として取り上げるべきだろう。軍人時代あるいは戦争について、中曽根が回想録の中でいつも語るエピソードがある。それは先に紹介した開戦時に徴用工員を引き連れて戦地に赴いたときの話である。このとき中曽根は、工員の中で前科があり最も手ごわそうな者と親分子分の仁義を交わし、彼を通じて集団をまとめることができたという。中曽根のために働いてくれたその「子分」はバリックパパンで死んでしまうが、ここで注目されるのは、盃を交わして親分子分の関係を結んだという、いかにも芝居がかったやりとりである。これは、中曽根の演技力の発露と見るべきではないだろうか。

中国の温家宝前首相について、中国で聞いた次のようなジョークがある。彼はアカデミー賞候補になれる。なぜなら、どこでも、いつでも泣けるから。地震や洪水の現地に飛んでは被災者の境遇に同情して涙する温家宝の「演技力」を揶揄《やゆ》したジョークなのだが、涙を見せることの当否は別として、実はこうした「演技力」は指導者にとって意外に重要なものなのである。

中曽根は、このような「演技力」の重要性に若いときから気づいていたのだろう。もともと意識しなくても「演技」ができるタイプであったようにも思える。政治家となってからは、それを意識的に行うようになった。中曽根の「パフォーマンス」と呼ばれるものがそれである。たとえば、ソウルでの韓国語によるスピーチがそうであった。サミットの写真撮影での位置取りもそうであっただろう。

ただし、彼の演技は、そうした多くの人々に見えるところだけで発揮されたのではない。サミットでの議論、交渉の場でも発揮されたのである。中曽根は、「首脳間の話というのは、要するに器量の見せ合いだから。どっちが気迫が強いかという。言葉の技術の問題じゃない。機転の利き方、相手の態度を見てやり合うものなのです」（前掲『中曽根康弘が語る戦後日本外交』）と指摘している。指導者の「演技力」とは本来、こうしたものであった。

準　備

ここまでは、「教養」「修羅場の経験」「演技力」と、中曽根の個人的資質に直接あるいは間接的に関わるポイントを取り上げてきたが、ここからは彼が意識的に努力した部分に焦点を当ててみよう。

その第一は、首相となるための準備である。中曽根がいつごろから本気で首相になろうと考えたのか、さだかではない。少壮政治家のころから「首相公選論」を唱えていたのも、あるいは野心の表明だったのかもしれない。もちろん、政治家は誰でもトップに立って自分の経綸を実行してみたいと考えるものだから、野心そのものは健全であると言うべきだろう。

首相になろうとする野心はともかく、中曽根が若いときから政治家としての「勉強」を積み重ねてきたことは間違いない。それは特に、彼の「外遊」に反映されている。中曽根は、明確な目的を持って外国を積極的に視察したのである。少壮政治家時代の主な海外視察を列挙してみよう。

最初の外遊は一九五〇年の欧米諸国訪問である。五三年にはアメリカを訪問してハーバード大学夏期セミナーに参加した。翌五四年、ソ連、中国を訪問した。初めての共産諸国訪問である。五五年には、原子力調査国会議員団団長として、第一回原子力平和利用国際会議に出席し、欧米を視察した。五七年、前述したように岸首相の東南アジア訪問に随行し、その後エジプト、東欧を視察した。六一年にはケネディ米大統領就任式に参列し、憲法事情調査のため南米を視察した。翌六二年、全米科学財団の招待で南極のアメリカ基地を視察した。六四年に韓国を訪問し、六五年にはインドネシアでのアジア・アフリカ会議一〇周年記念式典に出席、その後東南アジア諸国を歴訪した。次いで六六年、外交関係評議会の招請によりアメリカ各地で講演した。

注目されるのは、早くから国際政治の実相に触れると同時に、安全保障に関する最新の動向を把握しようと努めていることである。一九五四年に中国を訪問したとき、同行した同世代の政治家と今後の外交課題につき役割分担を話し合った。園田直は中国を、桜内義雄はソ連を、中曽根はアメリカを担当することを約束したという。中曽根が重視する日本の安全保障にとって、最も重要なのは日米関係であった。ハーバード大学のセミナーに参加し、外交関係評議会の求めに応じて全米各地で講演したのも、そうした視点からなされたものと見ることができよう。かなり早くから共産圏の実情を視察したのも、日本の脅威の対象たる諸国の実態を膚で確かめることに狙いがあった。

科学技術への関心と海外視察との関連も見逃せない。原子力の平和利用、南極開発がそうである。その後も、宇宙開発やロボット技術、生命科学など、中曽根は先端的な科学技術に対して強い関心を持ち続け、具体的政策にそれを反映させようとした。

首相となる野心を抱きながらも、しかし、中曽根は弱小派閥に属し続けた。旺盛な権力欲を持ち、権力を追求しつつ、権力からやや遠い場に身を置いたのである。前述したように、一九五九年から六七年まで中曽根は閣僚になっていない。この時代は、彼にとって、いわば「在野」の時代であった。

重要なのは、この「在野」の時代を中曽根が首相となる準備期間ととらえたことである。この時期に彼は、文化人、学者、財界人と積極的に交わり、親しい関係を築いた。また、中曽根を首相に押し上げる応援団とも言うべき「中曽根マシン」をつくった。そこには読売新聞の渡辺恒雄をはじめ各界の中曽根シンパが参加した。雌伏の時期は思索の時期でもあったようである。読書癖とさえ思われる旺盛な読書欲にまかせてさまざまなジャンルの本を読み、人との交流を通して教養・文化に親しんだ。

一九六六年、中曽根は派閥の領袖となるが、そのあたりから重要閣僚や党内要職を務める機会が増えてゆく。七〇年に佐藤内閣の防衛庁長官、七二年に田中角栄内閣の通産大臣・科学技術庁長官、八〇年に鈴木善幸内閣の行政管理庁長官に就任した。党内では七一年に総務会長、七四年に幹事長、七七年に再び総務会長を歴任した。こうした要職を経ることによって、中曽根は実力者としての地位を築き、有力な首相候補の一人として自他ともに認められるようになったのである。

一九八二年十月五日、首相の鈴木善幸は中曽根を呼び、辞意を打ち明け、後事を中曽根に託した（辞職の公式表明は十月十二日）。それから中曽根は政権担当準備を始め、十月十日には「新政権の政策」というメモを作成する。それまでに、政権を獲得した場合に実施すべきことを書き溜めてきたノートが下地になった。中曽根は、「その政権がどれだけのことを達成し得るかは、成立したときのスタートダッシュの勢いで決るものです」と述べている（前掲『自省録』）。実際、中曽根政権は勢いをもってスタートダッシュを切った。

権力基盤

首相としてのリーダーシップ発揮を支えた第一の要因が「準備」であるとするならば、第二の要因は、権力基盤の強化である。

鈴木の辞任表明後、自民党有力者の間では話し合いによる後継者選びが提起され、一部では、自民党総裁と総理大臣とを別の人物とするという「総・総分離」論が唱えられた。しかし、中曽根はそうした妥協・談合を拒否し、田中派の支持を得て総裁予備選挙に打って出た。総裁予備選に勝って正統性を獲得し、それをベースにリーダーシップを振るおうとしたのである。

総裁予備選で圧倒的に勝利した中曽根ではあったが、彼が率いる中曽根派は少数派閥で、政権獲得時点でも党内の第四派閥にすぎなかった。政権を維持してゆくためには、第一派閥の田中派をはじめとする有力派閥の支持が必要であった。田中派の後藤田を官房長官に起用し、同じく田中派の二階堂進を幹事長に留任させたのは、そのためである。

その後も中曽根は田中派の動向に注意を怠らなかった。一九八四年十二月、二階堂を総裁に擁立しようとする動きが起こるが、田中角栄の支持によって中曽根は危機を乗り切り、佐藤栄作以来初めて自民党総裁に再選される。八五年二月、竹下登が田中派を事実上奪い取り、田中自身が脳梗塞で入院してその政治活動が中断すると、中曽根は田中直系の政治家とやや距離を置き、竹下やその後ろ盾となっている金丸信に傾斜するようになった。まさに、「風見鶏」の面目躍如であった。

ただし、彼の権力を支えたのは派閥次元の権力バランスだけではなかっただろう。中曽根は、マス・メディア、特にＴＶの影響力を重視し、これを活用して国民に直接訴えかけた。国民に直接アピールするうえでは、しばしば「パフォーマンス」と揶揄された彼の演技力が遺憾なく発揮された。そして、スピード感をもって達成された外交・内政の業績が、国民へのアピール力を高めたのである。二階堂擁立を阻んだ一因は、中曽根に対する世論の支持であった。

一九八六年七月の第三十八回総選挙で自民党は三〇〇議席を獲得するという大勝利を収めた。これを受けて自民党は党則（総裁任期二年、重任は一回のみ）を改正し、中曽根総裁の任期を一年延長するという特例を設けた。中曽根の権力基盤がいかに安定していたかは、彼の後継者と目された、いわゆる安竹宮（安倍晋太郎、竹下、宮沢喜一）から誰を選ぶかをめぐって、中曽根がイニシアティヴを取り得たことに示されている。

「大統領型首相」

リーダーシップ発揮を支えた要因として、第三に、「大統領型首相」と言われた中曽根の指導方式を指摘しなければならない。もともと首相公選論を唱えていた中曽根は、国民によって直接選ばれた首相が、国家指導者として強い指導力を発揮し民意を反映させるべきだと考えていた。中曽根によれば、彼以前の日本の首相が指導力を充分発揮しなかったのは、制度（憲法）のせいではなく、別の原因によると見なされた。つまり首相の政治指導力は、党内派閥の牽制によって制約され、官僚機構への依存によって自らに制限を加えていたのである。トップによる強引な指導力の行使をあまり歓迎しない伝統ないし政治文化も作用していたかもしれない。

「大統領型首相」をめざす中曽根は、まず内閣の機能強化を図り、いわゆる官邸主導を導入しようとした。官房長官に後藤田という大物政治家を起用した。内閣官房に外政審議室、内政審議室、情報調査室、安全保障室、広報官室を設置し、この五室の長に各省庁の次官と局長の間くらいの有能な官僚を配するよう指示した。また、首相秘書官にも各省庁の局長と課長の間に位置する官僚を持ってこようとした。

このような内閣機能強化に加えて、中曽根はブレーンを活用した。中曽根は必ずしも政策の細部にまで関与しようとする指導者ではなく、その大綱あるいは方向を決めることを重視するタイプであった。彼は次のように述べている。

つまるところ、経済とはポリティカル・エコノミーのことであって、総理が直感力によって方向を指示できれば、それでいいのです。直感とタイミングを間違わずに大きな流れを指示することが、首相の役割なのであって、具体的な予算編成、財政投融資をどうするかなどの細目は、ブレーンにある程度委ねていけばいいのです。（前掲『自省録』）

ブレーンを活用するにあたって、中曽根は審議会方式を採用した。それは大平内閣の遺産を継承したものであったが、中曽根自身が「在野」時代に培った人脈を生かしたものでもあった。審議会や諮問機関を用いて中曽根がリーダーシップを発揮した典型的な例としては、第二臨調のほかに、内需拡大・市場開放を勧告した前川レポートで有名な私的諮問機関「国際協調のための経済構造調整研究会」があげられよう。

中曽根は、あまり大きく法制度を変えず、むしろ人事の妙によって政治指導の効果を求めようとした。したがって、彼の政権下ではそれなりの効果を収めたが、首相が代われば、持続的効果を生むことはなかったようである。

理念の政治家

最後に、中曽根のリーダーシップをかたちづくり、それを支えた最も大きな要因について指摘しておかなければならない。それは、彼の政治理念に関わることである。

中曽根の政治スタイルに関して後藤田は以下のように述べている。

中曽根さんのやり方は、まず、今何をやらなければならないかという国民的課題を的確にとらえる。そして世論の理解と支持をえた上で仕事に着手する。作戦としては鶴翼の陣を張って堂々と正面突破するというやり方である。

ところが、何故か、いろんなところの詰めができない。だから、いよいよ具体化するという段階に入ると、いたるところで反対なり敵が出てくる。ここがまずいところだ。

一方、竹下さんの仕事のやり方をみていると、現実に起きている問題をいつの間にかやり遂げていくという能力では他に比類がない。〔中略〕

ただ、どうも、竹下さんの話を聞いていて、高い見識を人に感じさせるというところが足りない。だから、中曽根さんと竹下さんの二人を足して二で割ったらいいと、いっているのである。

（後藤田正晴『政治とは何か』講談社、一九八八年）

後藤田が中曽根と竹下を比較しているところは、なかなか面白い。竹下は高い見識を感じさせなかった。ということは、中曽根には高い見識があった、あるいは少なくともそれを感じさせた、ということになる。

中曽根は理念の政治家であった。それゆえ、後藤田に言わせれば、竹下に比較して詰めが甘かった。しかし、だからといって、中曽根は自分の抱いている理念が、すぐ実現できると楽観していたわけでもない。自主防衛を理想としながら、戦後の国際社会ではそれがほぼ不可能であることを承知していた。ナショナリストとして、沖縄を含む在日米軍基地を、少なくとも平時には必要としない将来を展望しつつ、現状では部分的改善を図るしかないと判断せざるを得なかった。長年の信念である憲法改正は、首相としての彼の政治課題とはされなかった。中曽根は、政権担当直前に作成したメモの中で、自らの立場を「現実的理想主義」と呼んでいる（「新政権の政策」『中曽根内閣史――資料篇〈続〉』世界平和研究所、一九九七年）。それは、理想・理念を掲げながら、現実に適応しつつその実現を図るというプラグマティストの政治姿勢を示していた。

中曽根は、日本のアイデンティティの確立を自らの政治理念とした。敗戦後、内務省の官僚から政治家への転身を図ったのは、占領軍当局との折衝で、日本としての自主性を貫くためには国会議員にならなければならない、と考えるようになったからだという。また、アイデンティティを重視する彼の目から見ると、吉田茂の政策はあまりにアメリカに依存し、自主性を損なうもののように見えた。吉田およびその系譜を引く保守本流と一線を画し、あえて傍流の少数派閥に属したのは、そのためでもあった。

中曽根の考えるアイデンティティは、彼が培ってきた「教養」に裏打ちされていた。サミットで、自分は日本の文化を代表しているのだ、と気負ったのも、そうした理念に由来する姿勢であったと見ることができる。責任ある政治家は、政策を語る前に政治にかける「哲学」と「熱情」を国民の前に示さなければならない、とか、権力は本来、文化に奉仕するものだ、といった発言も、教養に裏打ちされた理念があってこそ、出てきた言葉であろう。中曽根は、自らの政権の目標を、吉田路線の「平和と経済の国」から「政治と文化の国」へと転換を図ることだと語っている。ここにも、彼の理念に由来する政治姿勢が反映されている。

権力と責任

中曽根には、高邁な理念と、強烈な権力意志と、権力に伴う明確な責任感覚があった。彼は次のように述べている。

総理大臣の一念は「一種の狂気だ」と常々私は言っています。〔中略〕総理の座にある以上、真剣に本気になってやらなければいけない。いったんやろうと決心して火の玉のようになれば、おおかたのことはやれる。必死になってやれば、その気迫が物事を成就に導いてくれるものです。だからこそ同時に、首相たるもの「権力の魔性を自戒せよ」と自覚しなければならないのです。

（前掲『自省録』）

政治家にとって人生とは結果でしかありません。〔中略〕政治家は達成した現実だけが著作であり、作品なのです。〔中略〕しかし歴史の法廷がどう裁こうが、政治家は目の前の現実に対処していかなければなりません。その責務を逃げずに果たしてこそ、政治家と言えるのです。ここには、熾烈な重圧があります。〔中略〕この国の将来は自分の決断ひとつにかかっていると感じたときの恐ろしいほどの重圧感です。その重圧感に立ち向かわせるのが、若き日の直感と、成熟により獲得した知恵なのです。

（同右）

戦後の日本の首相の中で、権力と責任をここまで自覚した政治家は少なかったのではないだろうか。中曽根がリーダーシップを振るうことができた要因には、こうした権力観と責任感覚を加えるべきかもしれない。

＊

実は、私は中曽根康弘という政治家があまり好きではなかった。今でも、好きかと問われれば、答えに躊躇してしまうだろう。あの自己顕示欲から表出される（と思われる）「パフォーマンス」には、やはりついてゆけないからである。

しかし、二〇一二年に刊行されたオーラル・ヒストリー『中曽根康弘が語る戦後日本外交』を読んで、やや印象が変わった。彼はあえて意識的に出しゃばり、出しゃばることが日本にとってプラスに働いたことが理解できたからである。こう述べれば大方の察しがつくように、この拙文は中曽根のオーラル・ヒストリーにだいぶ影響されている。

一九八〇年代はいま歴史家が本格的に扱う研究対象となりつつある。中曽根の回想は、今後、公文書や関係者の文書・日記等によって繰り返し詳細に検証されなければならないだろう。だが、この点でも中曽根は準備工作を施し、彼を対象とする将来の歴史研究を方向づけようとしているかもしれない。なにしろ、彼の政権に関する最も基本的な資料（『中曽根内閣史』全六巻）は、中曽根が会長を務める世界平和研究所（現・中曽根康弘世界平和研究所）によって編集され提供されているのだから。歴史家にとって、何とも端倪《たんげい》すべからざる政治家である。

第二章　吉田　茂

日米安保条約に調印する（1951年９月、共同通信社）

一八七八（明治十一）年東京生まれ。東京帝国大学法科卒業後、外務省に入省。天津・奉天総領事、田中義一内閣の外務次官、駐伊・駐英大使などを歴任し、三九年に退官。戦後、東久邇宮稔仁・幣原喜重郎内閣の外相を務め、四六年に自由党総裁となり、第一次吉田内閣を組閣。日本国憲法制定、農地改革などにあたる。四八〜五四年、第二〜第五内閣を組閣。対日講和条約・日米安保条約に調印する。六七年没。

吉田批判

『さかのぼり日本史』にならい、中曽根康弘以前の戦後日本の指導者として取り上げる政治家となれば、吉田茂ということになろう。中曽根が「戦後政治の総決算」を唱えたわけだから、その「戦後政治」なるものをつくった指導者を取り上げるのは、いわば平仄《ひょうそく》に合う。ただし、というか「総決算」を唱えたからには当然と言うべきか、中曽根の吉田評はかない辛い。たとえば、中曽根は次のように批判している。

あの人は大物のように見えて、実は意外に太刀を使わないで短刀を使う、つまり小技を弄するところがありました。たとえば当初は、自衛隊の創設については否定したり、前身の警察予備隊を作った時は「戦力なき軍隊」などと安直なレトリックでごまかしていた。

そういうやり方に、私は腹が立って仕方がなかったものです。〔中略〕吉田さんの本質は、政治的にはオポチュニスト、便宜主義者でした。国家の前途とか日本の運命よりは、その場その場の政争に勝てばいいという官僚的現実主義者の傾向が強く、その狭さに私は嫌悪感を持っていました。

（前掲『自省録』）

私見では、吉田首相は講和独立後の国家路線について、明確な基本的認識や方策、針路を持っていなかった。むしろアメリカの動向を主にして、中国、台湾との関係を見ながら、慎重に日本の態度を決めていました。これは外交官出身という彼の経歴から来るものです。

（前掲『中曽根康弘が語る戦後日本外交』）

吉田という人は一国平和主義で、むしろ社会党よりの姿勢を示していた。だから、日本の独立を回復し占領政策の弊風から脱却することに反対だった。〔中略〕要するに、マッカーサーの占領軍の権力を背景にしていたから吉田政治は続いていたのです。

（同右）

中曽根ほどではないが、かつて文芸評論家の江藤淳も吉田の「養子性」なるものを指摘し、一九六〇年代以降に再評価が進んだ吉田について、やや斜に構えて論じたことがある。吉田は、豪商吉田健三の養子となって吉田家の財産を乗っ取り、牧野伸顕（大久保利通の次男）の娘と結婚して日本のエスタブリッシュメントの片隅にいわば「養子」として加えられ、戦後は党首鳩山一郎が追放された自由党に「養子」として迎えられて自由党を乗っ取り、マッカーサー占領軍の「養子」となったというわけである（江藤淳「吉田茂における養子性」高坂正堯編『吉田茂 その背景と遺産』TBSブリタニカ、一九八二年）。江藤は政治家としての吉田の業績を否定したわけではないが、彼の吉田論にはちょっとした揶揄が込められている。

実は、吉田の再評価を進めたのは、私の二人の恩師である。以下では、その著書、高坂正堯『宰相吉田茂』（中央公論社、一九六八年）と猪木正道『評伝吉田茂』全三巻（読売新聞社、一九七八〜八一年）を参照しつつ、吉田批判も踏まえて、政治指導者としての彼の実像をとらえてみたい。

漢学の素養

まず、首相となるまでの吉田茂の経歴をおさえておこう。吉田は、一八七八（明治十一）年九月、高知の自由党員、竹内綱の五男として東京に生まれた。生まれると間もなく、旧福井藩士で横浜の貿易商吉田健三の養子となった。幕末・維新期を通じて親友であった両者の約束によるものであった。一一年後の一八八九年、養父健三が死去し、吉田茂は莫大な遺産を受け継ぐことになる。相続した遺産は五〇万円、一九六七年の時価で二〇億円に相当するというが、今ならどのくらいの額になるだろうか。とにかく、桁外れであったことは間違いない。江藤淳によれば、桁外れの家庭環境で育った人間は、往々にしてそれに押し潰され自分を見失いがちだが、強力な個性とすぐれた才能に恵まれた場合は、その特異性が相乗効果を生んで、卓越した人間をつくるまれなケースもあるという（前掲「吉田茂における養子性」）。吉田はこのまれなケースに該当したと言えよう。

さて、子供時代の吉田に大きな影響を与えたのは養母士《こと》である。士は幕末の儒学者佐藤一斎の孫娘で、豊かな漢学の素養を持っていた。その素養が、さまざまな場面で幼少期から少年期にかけての吉田に少なからぬ感化を及ぼした。さらに、彼が受けた教育も漢学が中心であった。よく引用される部分だが、吉田は、漢学について次のように語っている。

中国人は生活の達人であつて、我々が生活して行く上で遭遇する大概の経験が漢籍で扱はれてゐるし、又更にさういふ経験に就て我々に教へて呉れる。〔中略〕長年この世に生きたもの、と言ふよりも、さういふ人間が何代も続いた所に生じる智慧に捉へられた、人情の機微が表されてゐる。〔中略〕我々の日常生活に関することか、人間と人間との交渉の上でのことならば、何でも漢籍に求められるといふ気がする。

（吉田茂「父と母――生い立ちのことなど」『改造』一九五〇年一月号、栗原健「吉田茂の漢学」

吉田茂記念事業財団編『人間 吉田茂』（中央公論社、一九九一年）より再引用）

このような漢学の素養は、彼の教養の基盤となり、観念論に引きずられないプラグマティストとしての吉田の骨組みを作ったように思われる。

吉田の学校教育にも少し触れておこう。吉田は小学校を卒業した後、一八八九年に藤沢郊外の耕余義塾（寄宿制私立学校）に入学、五年間そこで漢学と英語や数学を学んだ。卒業後、日本中学校に入学したが、一年で高等商業学校（一橋大学の前身）へ転校。しかし、ここも三月ともたず、正則尋常中学校へ転入。半年足らずでそこを卒業し、一八九六（明治二十九）年東京物理学校（東京理科大学の前身）に入学したが、翌年には学習院中等学科に編入され、同高等学科に進学、さらに同大学科に入った。ところが、一九〇四年、同大学科が廃止されたため、東京帝国大学法科大学政治学科に編入され、一九〇六年に東大を卒業した。耕余義塾卒業から学習院編入までの約四年間、吉田は学校を転々としていたことになる。学校制度がまだ確立していない時期だったせいもあるだろうが、青少年期にありがちな迷いや、吉田の「個性」も関わっていたのだろう。吉田少年には、何か求めるものがあり、それを提供してくれそうにない学校に長くとどまろうとはしなかった。その「我が儘」を養母は許容し、経済的な裏付けもあったわけである。

「裏街道」の外交官

東大卒業後、吉田は外交官及領事官試験に合格（同期には広田弘毅、武者小路公共《きんとも》、林久治郎などがいる）、その後、領事官補として奉天、ロンドンに勤務した。一九〇九（明治四十二）年、牧野伸顕（当時、枢密顧問官）の長女雪子と結婚。同年には大使館三等書記官となり、イタリアに転勤した。一九一二（大正元）年から四年あまり安東（現在の丹東）領事を務め、一時本省勤めをした後、一九一八年に済南領事、翌年パリ講和会議随員となり、次いで大使館一等書記官としてイギリスに勤務、その折、ヨーロッパ歴訪の皇太子（のちの昭和天皇）を迎えることになる。一九二二年に天津総領事、一九二五年には奉天総領事となった。吉田は自分の外交官時代の前半を、あまり陽の当たらない「裏街道」と呼んだが（吉田茂『回想十年』下、中公文庫、二〇一五年）、それは以上のような経歴の大半を占めるチャイナ・サーヴィス（中国勤務）を指している。言うまでもなく、それは出世街道ではなかった。

しかし、吉田の回想によれば、中国勤務は「非常に得るところがあった」とされている。当時、中国の情勢はめまぐるしく変化しており、そのなかで中国の軍閥政治家がさまざまな術策を繰り広げ、自らの権益を守ろうとする列国の外交がそれに複雑に絡み合っていた。こうした状況は、吉田にとって他所では得ることのできない政治的経験を提供したのである。さらに、領事勤務も彼にとって重要な意味を持った。吉田は国際政治や外交において通商貿易を最も重視する独特の「商人的国際政治観」を持っており、それは貿易に従事する吉田家の家庭環境から育まれたものとされるが（前掲『宰相吉田茂』）、少壮外交官時代の領事勤務は、実地の経験の面からそうした国際政治観を強めたと考えられよう（戸部良一「吉田茂と中国」前掲『人間 吉田茂』）。

一九二八年、吉田は自薦運動を行い外務次官に起用される。ときの外相は首相の田中義一が兼摂していた。田中内閣総辞職後も吉田は次官にとどまり、外相幣原喜重郎のもとでロンドン海軍軍縮条約の成立に尽力する。条約成立のために政治家たちと接触し協力したことは、政治の実体に触れる貴重な体験となった。一九三〇年、イタリア大使となり、国際連盟に日本政府代表として出席したが、そのとき満洲事変が起こり、きびしい国際的な批判に対する弁明に苦労させられた。ローマから帰国した後、入省同期の広田外相のもとで巡閲使として欧米に派遣されたが、一九三五年に外務省を退官する。ちなみに、当時官界には同姓同名のもう一人の吉田茂がいた。内務官僚で貴族院議員、厚生大臣などを務めた人物である。当時は、このもう一人の吉田茂のほうがよく知られていた。

親英派

一九三六年、二・二六事件後に広田に組閣の大命が降ると、吉田は組閣参謀となり、外相候補と目されたが、「親英派、自由主義者」の入閣に反対する陸軍の横槍があり、組閣本部を去らなければならなかった。その埋め合わせという意味もあってイギリス大使に起用された吉田は、日英協調復活のために動き回るが、ほとんど空回りでなんら成果なく、在任二年半、一九三八年にはその任を解かれることになった。

この時期に関して注目されるのは、吉田が日独提携強化（同盟）論に少しも動かされなかったことである。ナチスドイツが体現する全体主義に、外交官を含む少なからぬ日本人が魅了されたが、リアリストの吉田はそうしたイデオロギーの影響から最も遠いところにいた。言い換えれば、イデオロギーに対して鈍感であった（前掲『宰相吉田茂』）。国際政治の本質が力であることに変わりはない、という信念を変えようとはしなかった。第一次世界大戦の敗戦から二〇年しか経っていないドイツがアングロ・サクソンに勝てる力を持っているはずがない、という吉田の判断が、どこまで冷徹なリアリズムに基づいていたのか、それは議論の分かれるところかもしれない。それはむしろ吉田の頑固な信念とも言うべきものであり、親英派の真骨頂でもあった。

その後、吉田は官界を退き、陸軍の政治壟断《ろうだん》に対抗して宇垣一成の擁立運動や、対米開戦回避に奔走した。岳父牧野の人脈に連なっていたことが、一方では「親英派」という批判の原因の一部となったが、他方ではそれが彼の政治活動を支える重要な資産として活用された。大東亜戦争開戦後はひそかに早期和平のために動き、戦争末期には即時終戦を天皇に訴えたいわゆる近衛上奏文の作成に関わって憲兵隊により逮捕され、四〇日間拘留されてしまう。ところが、敗戦後はそれ以前に批判された「自由主義者」「親英派」「和平派」というレッテルが幸いし、東久邇宮稔彦内閣の外相（重光葵の後任）に就任、後継の幣原喜重郎内閣でも再任され、一九四六年五月、幣原内閣総辞職に伴い、自ら内閣を率いることになるのである。吉田はすでに六七歳であった。

貧乏籤

首相としての吉田の業績は、それを時間的順序に並べれば、①食糧危機の回避、②経済復興、③講和の実現（主権回復）に要約できるだろう。さらに単純化すれば、①も②も、③のための前提条件であった。第一次内閣（一九四六年五月～四七年五月）では①と②に集中し、第二次内閣（四八年十月～四九年二月）と第三次内閣（四九年二月～五二年十月）は②と③に努めた。独立達成後の第四次内閣（五二年十月～五三年五月）、第五次内閣（五三年五月～五四年十二月）は、③の後始末と見なせるかもしれない。

それにしても、吉田はなぜ首相となることができたのか。前述したように、戦前の「親英派」というレッテルが幸いした。戦争末期の憲兵隊による逮捕も「反軍」であったことの証明となった。そしてそれ以上に、外務省退官後、保守的エスタブリッシュメントの一員として近衛文麿らとともに行った政治活動が、大きな意味を持った。敗戦によって軍人や親軍的な政治家が退場すると、軍に非協力的であったり抵抗したりした保守政治家が、少なくとも一時的に政治の表舞台に復活する余地が生まれたからである。実際、吉田を重光の後任として外相に推挙したのは近衛であった。

吉田は、外相としての短い在任期間ではあったが、占領軍との折衝でそれなりの政治能力を示した。それが、政界上層部での彼に対する信頼と期待につながったのだろう。そこに、総選挙で第一党となった自由党の党首鳩山一郎の公職追放という「事件」が突発し、鳩山が吉田に後事を託すことになったのである。

吉田はなぜ鳩山の懇請を受け入れたのか。もともと彼は、官僚のつねとして「政党嫌い」ではあったが、決して「政治嫌い」ではなかった。それは、戦前・戦中の政治活動がよく物語っている。戦争回避や早期和平のためのやむにやまれぬ行動だったとしても、そうした行動に従事する意欲と能力がなければ、はじめから動こうとはしなかっただろう。こうした意味で、吉田は「政治好き」だったと言うべきだろう。

ただし、彼に強烈な権力欲や政治的野心があったとは思われない。もちろん「政治好き」である以上、それが皆無であったわけではない。しかしながら、そもそもこの時期に首相を引き受けることは「貧乏籤《くじ》」に近かったのである。大量の餓死者が予想されるほど食糧危機が深刻化し、国民の気力も国家の経済力も疲弊の極に達していた。復讐心に燃える占領軍が、どんな苛酷な要求をしてくるか分からなかった。そうしたときに国政を担当するのは、損な役回りであった。

にもかかわらず吉田が首相を引き受けたのは、それなりの野心を別にすれば、独特の歴史意識によるものだったと考えられる。吉田は敗戦直後に、しばしば「戦争に負けても外交で勝った国もある」と語っていた。また、終戦時の首相鈴木貫太郎を訪ねたとき、鈴木から「負けっぷりをよくしろ」と諭されたエピソードもよく知られている（吉田茂『回想十年』上、中公文庫、二〇一四年）。吉田は、自分がこれまで生きてきたのは、敗戦時のこのときのためだ、と強く感じていたのではないだろうか。今こそ自分が働くべきだ、先頭に立つべきだ、との思いに衝き動かされていたのではないか。それは、第二次世界大戦でイギリスの敗戦が必至と見られたときに首相に就任したウィンストン・チャーチルが、政治家として生きてきたのはすべてこのときのためだ、と感じたのと同じであったように思われる。歴史に対する責任感覚と言うべきものかもしれない。それを二人とも、それぞれの国の伝統に根差した教養から身に付けていたのだろう。

一点集中

いずれにせよ、吉田は当初、しばらくの間だけ鳩山の自由党と首相の座を預かるだけだ、と考えていただろう。その間、全力を尽くして、歴史に対する責任を果たそうとしたのだろう。したがって吉田が首相となったとき、長期的な展望をもって講和・独立までの具体的なシナリオを描いていたとは思われない。まず、やるべきことは食糧危機に対処することであり、次いで復興を図ることであった。おそらくそれは、誰が首相になっても取り掛かろうとしたことであったにちがいない。ただ、吉田の場合は、ものごとを単純化し、一点集中的に仕事を進めたことに特徴があった。さまざまなことを体系的に結び付ける全体的な構図などは描かない。取りあえずやるべきこと、できることから始めたのである。

食糧危機を乗り切るためには、米穀の収穫に期待できない以上（それが大幅に減少することが予想されたがゆえに食糧危機とされたのだから）、外国（実際にはアメリカ）からの援助に依存する以外に方法はなかった。吉田内閣は連立与党間の調整が長引いたりして発足が遅れたが、それに伴う政治混乱を憂慮する占領軍の焦りを利用して、吉田はマッカーサーから食糧援助の約束を取り付けた。その後も、食糧を求め赤旗を押し立てて日本政府を攻撃する左翼勢力のデモさえ利用して、吉田は占領軍に食糧援助を求めた。一時、最悪の場合一千万人の餓死者が出ると予想された食糧危機は回避された。

食糧危機を乗り切ったら、次の課題は経済復興である。しかし、この課題の達成は食糧危機の克服ほど単純ではなかった。アメリカが当初はそれを必ずしも優先しなかったからである。やや誇張して言えば、旧敵国民の餓死は避けなければならないとしても、その経済復興まで助ける必要はない、と考えられても不思議ではなかった。アメリカの対日占領は、全体的に見れば、善意に基づくものでありフェアであったと評価し得るだろうが、それでも初期のころは報復や懲罰の側面が出てくることは避けられなかった。

アメリカが日本の経済復興に協力的になるのは、経済的不安が社会混乱を招き占領統治の妨げになることに気づいたからであり、長期の占領が財政的負担という点でアメリカ自身に高いコストをもたらすと見なされるようになったからである。占領軍も徐々に日本の経済復興に関心と努力を注ぐようになった。吉田はマッカーサーとの間に太いパイプを築き、経済復興にとって不利と思われる占領軍の指令に抵抗しながら、経済復興のための日本政府の施策に対する援助・協力を要請した。

自尊心

むろん抵抗したからといって、それがつねに功を奏したわけではない。しかし吉田は、たとえ最後には押し切られても、抵抗することが重要だと考えた。負けたとはいえ、「自尊心」を失ってはならないからである。負けっぷりをよくするとは、自尊心を捨てることではなかった。日本にとって不利なものや、日本の実情に合わないものには抵抗し、それでもなお抵抗が受け入れられなければ、甘んじて潔く占領軍の指令に従うことにほかならなかった。マッカーサーは、自尊心をもって抵抗する吉田を、そして抵抗がかなわないと見るや、ごまかさないで指令に従う吉田を評価した。

吉田にとって厄介だったのは、占領軍が次々と打ち出してくる改革指令であった。当初は、日本人の生活実態などは考えない、改革のための改革が打ち出された。そうした乱暴な改革の一部は実施に至らなかったが、それでも日本の実情に合わない改革が少なからず実行に移された。当初の報復や懲罰の意識が後退し、改革が善意に基づいて指示されるようになっても、またその改革が普遍的理念に裏付けられていたとしても、しばしばそれは善意の押し付けとなった。戦争直後のアメリカは、戦争に勝ったがゆえに自国が体現する価値について強い自信を持っていた。それがともすると善意の押し付けとなったのである。

アメリカが信奉する価値の中核にデモクラシーがあったことは言うまでもない。善意のアメリカはこのデモクラシーを日本に与えようとした。しかし、そこには押し付け、強制という側面がつきまとった。人民の主体的な政治参加に基づく自発的な秩序形成というデモクラシーの理念からすれば、デモクラシーの強制というのは根本的な矛盾であった。しかも占領軍という専制的な権力がデモクラシーを強制するのである。総選挙で勝利した第一党の党首（その意味で国民が選んだ国家指導者）を、デモクラシーのために有害であるとして追放したのは占領軍であった。

吉田は、占領改革の多くに同調できなかったようである。たとえば、農地改革や財閥解体がそうであり、労働関係の諸改革もそれに含まれよう。戦前日本のエスタブリッシュメントの一員であった保守主義者の吉田からすれば、改革の多くは過激であり、国家の中堅である階層の生活基盤を掘り崩し、一部は経済復興に支障を与えかねないものであった。さらに、吉田にとって、デモクラシーもすでに大正デモクラシーとして日本に存在したものであり、それを復活させればよいだけであって、ことさらアメリカから与えてもらう必要はなかった。だが、多くの場合、吉田は抵抗しつつ、最終的には改革指令を受け入れたのである。

条約としての憲法

最も厄介だったのは憲法改正である。そもそも占領下、つまり主権不在の状況下で憲法を改正するというのが問題であった。そのうえ、君主主権の憲法から国民主権の憲法へと正統性原理を根本的に変えるものを単なる「改正」とし、しかも旧憲法の改正手続きで行うというのも矛盾であった。吉田もこのことには気づいていただろう。改正の内容についても、保守主義者の吉田からすれば同意できない部分が相当あったにちがいない。しかし、幣原内閣時代に吉田はこれを受け入れ、自らの内閣で公布・施行をなしとげた。

高坂説によれば、吉田は憲法を、条約のように考えていたのではないかという（高坂正堯「成功の逆説」前掲『吉田茂 その背景と遺産』）。つまり、将来の講和をにらんで、「一日も早く民主国家、平和国家たるの実を内外に表明し、その信頼を獲得する必要があった」（前掲『回想十年』上）。言うまでもなく、憲法改正案は占領軍の「押し付け」であった。井上寿一によれば、吉田は憲法改正を戦勝国が示す降伏条件ととらえたのだとされている（井上寿一『吉田茂と昭和史』講談社現代新書、二〇〇九年）。そこまで言えるかどうか、議論の余地はあるかもしれない。ただし、吉田が占領軍の憲法改正案を容認せざるを得なかったのは、占領されている敗戦国として将来の独立回復を優先しなければならなかったからであり、その容認が天皇の戦犯不起訴との交換条件であることを思い知らされていたからであった。

条約としての憲法について、江藤淳は興味深い体験談を語っている。一九七八年、江藤は日中平和友好条約の批准直前に北京を訪れ鄧小平と会談した。話題が（対ソ）反覇権についいての日中間の協力問題に及び、江藤が日本には憲法上の制約があると述べると、鄧小平は、日米間にそうした「条約」が存在することは承知している、と応じた。江藤が、それは条約ではなくて憲法のことではないかと指摘すると、鄧小平は、同じことだろう、と語ったというのである（「討論　ポスト吉田時代の日本」前掲『吉田茂　その背景と遺産』）。日本国憲法が周辺諸国でどのように見られていたかをよく示すエピソードだと言えよう。

主権回復

占領とは、究極的には主権の喪失状態にほかならなかった。占領軍が絶対的な権力を持っていた。絶対的な権力に対して、それにおもねる傾向が生まれることは避け難かった。こうした不健全な傾向を抑えるためにも、早期の主権回復が必要であった。

早期独立のために、日本ができることは限られていた。すべては連合国、とりわけアメリカの政策にかかっていた。当初のアメリカの対日講和構想は、米ソ協調を前提とし、日本の非軍事化と民主化を連合国が長期にわたって監視することを内容としていた。しかし、ヨーロッパでの冷戦の進展と、アジアでの中国の共産化によって、アメリカの政策が転換し始める。その極東政策は、東アジアでの中国重視から日本重視へと転換する。アメリカにとっての脅威が日本から共産主義へと変化する。対ソ封じ込めのため、日本を自由主義陣営の一員として育成することが必要であると認識されるようになるのである。

ただし、極東政策の転換がすぐさま対日講和の促進につながったわけではない。まず、日本が政治的に安定するまでは講和は時期尚早と考えられた。そのため占領政策の重点は、それまでの民主化改革から、日本の復興と経済自立化に切り換えられる。それは占領のコストを減らすためにも必要であった。やがてアメリカを含む連合国の対日管理が緩和し、「事実上の講和」として、日本が自主的に振る舞える余地も増えてゆく。

アメリカ側で早期対日講和の必要性が認識されても、しばらく足踏み状態が続いたことには、ほかにも理由があった。米ソ冷戦の進行により、連合国間の合意を形成することが困難であった。自由主義陣営の中にも、日本の脅威復活に対して警戒心を解くことができないオーストラリアやフィリピンのような国もあった。さらに、アメリカ政府内も意見がまとまってはいなかった。国務省は早期講和に傾いていたが、国防省は日本の軍事戦略的重要性を指摘し、日本を独立させた場合に在日基地が自由に使えなくなることを懸念していた。

こうしたなかで一九五〇年六月に勃発した朝鮮戦争が対日講和を大きく前進させる。東アジアでの「熱戦」の発生は、日本の軍事戦略的な価値をあらためて実証した。また、それまでアメリカでは、毛沢東のチトー化に対する期待があり、中国は共産化してもソ連から自立した存在になるのではないかとの希望的観測がなされたが、中国軍の朝鮮戦争への参戦によって、このような期待も断念せざるを得なくなった。一方、日本占領をこのまま長期化させると、日本人の反米感情を助長する結果を招くのではないか、という憂慮もつのっていた。

吉田は、このようなアメリカの政策の方向とその振幅をよくキャッチしていた。吉田がどの時点から講和を現実的に考慮し始めたか、それはよく分からない。彼の歴史意識からすれば、外相に就任したときから、あるいは首相になったときから、将来の講和をめざしていたのは疑いない。憲法改正案の容認もそのためであった。吉田は、首相就任時からほぼ一貫して外相を兼任したが（専任の外相を任命したのは第三次内閣の途中、講和条約発効後の一九五二年四月末である）、これも講和に備えた措置であったと見ることができる。彼は外務省に対しアメリカの動向について詳細にわたる情報分析を指示したが（前掲『吉田茂と昭和史』）、それはアメリカの占領政策に対処するうえで必要であったばかりでなく、将来の講和のためにも不可欠とされた。

ただし、第一次内閣のときはまだ講和問題が現実化する段階には至らなかった。講和が現実的な問題となるのは、第三次内閣あたりからである。アメリカがいつ、どのような講和を持ち出してくるかに備えて、外務省で本格的な検討が開始される。やがて対日講和問題担当の国務省顧問にジョン・フォスター・ダレスが就任すると、アメリカはいわゆるソフト・ピース（寛大な講和）を意図していることが明らかとなる。

講和が現実的な問題となったとき、重要な論争点のひとつは、すべての旧敵国と講和する「全面講和」か、それともいま講和に応じてくれる国々との講和を優先する「多数講和」か、であった。吉田は、全面講和論を唱え多数講和を「片面講和」と批判した東大総長の南原繁を、「曲学阿世の徒」と呼んで物議を醸した。これに示されているように、この論争は新聞・雑誌等のメディアでは大きく取り扱われたが、吉田にとっては最初から決まりきったことだった。

冷戦のもとでアメリカが日本を西側陣営に組み込むために講和を進めようとしているのに、ソ連をはじめ東側諸国にも容認される全面講和を求めることは非現実的で、いたずらに講和を先送りすることに等しかった。そもそも日本にとって講和とは主権回復、独立の達成を意味していたのだから、講和の先送りは独立の先送りでもあった。なぜ、こんな単純なことが分からないのか、というのが吉田の思いだっただろう。

全面講和論には、東西両陣営の対立に巻き込まれまいとする中立志向が含まれていた。しかし、吉田によれば、「中立を守るに足るだけの武力を擁し且つ守り得る地理的位置にあるならば、またおのずから話は別だが、日本はそうした立場にはない」。しかも、日本は「海洋国」であり、貿易を通じて国民を養わなければならない。「そうである以上は、日本の通商上の繋がりは、経済的に最も豊かな、そして技術的にも一番進んでおり、且つ歴史的にも関係の深い英米両国に自ずと重きを置かざるを得ないではないか」ということになる（前掲『回想十年』上）。それに加えて、アメリカは世界最強の国家でもあった。吉田にとって日米提携は、「必ずしも主義や思想の問題ではない。〔中略〕そうすることが、最も手っとり早く、且つ効果的なのである。要するに、日本国民の利益を増進する近道に外ならぬのである」とされたのである（同右）。吉田特有のリアリズムと言うべきだろう。

安全保障

アメリカの対日占領は、アメリカの理念に基づく戦後の国際秩序再編の一環であった。日本が二度と世界平和とアメリカの安全を脅《おびや》かさないよう、日本を軍事的に無力化すると同時に、政治・経済・社会の面でもアメリカが普遍的と見なす価値や理念に基づいて日本を改革しようとした。これがアメリカの占領政策の基本としての非軍事化と民主化であり、この基本が憲法改正に反映されたことは言うまでもない。

しかしながら、前述したように、冷戦の進行と中国の共産化はアメリカの東アジア政策に軌道修正を迫る。脅威の対象が日本から共産主義に切り替わる。アメリカは日本を西側陣営の一員として独立させようとする。そして従来の「日本からの安全」に重点を置いた政策から、「日本のための安全」を図る政策へと転換するのである。日本の安全を図るだけではない。やがて朝鮮戦争が始まると、ダレスは西側防衛に対する日本の貢献を、具体的には日本の再軍備を要求してくる。かつて日本の無力化を追求した方針の一八〇度転換であった。日本でも、講和が現実的な問題となると、できるだけ寛大な講和条件を獲得するとともに、自らの安全保障をいかにして達成するかを真剣に検討しなければならなくなる。その経緯を、楠綾子の研究（『吉田茂と安全保障政策の形成』ミネルヴァ書房、二〇〇九年）を借りてなぞっておきたい。

楠によれば、講和条約との関連で日本の安全保障を担保するためには、四つの要件を検討しなければならなかったとされる。つまり、①憲法第九条の理念との整合性、②政治的・経済的・軍事的に実現できるかどうか（実現可能性）、③安全保障に実際に効果を持ち得るかどうか（実効性）、そして最後に、④主権国家としての自律性、である。四つの要件のすべてを一〇〇パーセント満たすことは不可能だった。四つの要件すべてに配慮しなければならず、どの要件も無視ないし軽視することは許されなかったが、四つの要件の間には、なにがしかの優先順位を付けなければならなかった。

吉田は外務省の事務当局に検討を命じ、良識派の旧軍人を含むブレーンにも検討を依頼した。そうした検討作業を通じて吉田の方針は固まっていったが、方針の基本的部分は吉田自身で決めており、官僚やブレーンによる検討作業は、ダレスとの交渉に臨むに当たっての理論武装に役立てられた。

吉田の基本方針は、講和後もアメリカ軍を日本本土に常時駐留させ、それによって日本の対外的な安全を図ることであった。それは何よりもまず、③の点で必要不可欠と見なされた。日本の軍事戦略的な価値を重視するアメリカ国防省が、在日基地の自由使用権を講和の絶対的条件としている以上、早期独立を達成するうえからも、これを外すことは許されなかった。④の点からすれば、再軍備による自主防衛という選択肢もあり得たが、しかし敗戦で疲弊した日本が達成し得る程度の自主防衛では、それが核時代に意味があるかどうか疑問であった。また、再軍備には②の点で問題があった。

ただし、④をまったく無視することはできない。そのため、講和条約とは別に、安全保障のための日米二国間協定を締結する必要があるとされた。外国軍の常時駐留や基地提供などは講和条約には盛り込まず、別立ての（暫定的な）二国間協定に譲ることにしたのである。また、その二国間協定は、国連の集団安全保障枠組に基づくものであることを謳い、その点で①の要件に合わせようとした。

ダレスも基本的には吉田の構想に反対ではなかった。二本立ての条約にも異存がなかった。両者が対立したのは、再軍備問題である。前述したようにダレスは西側陣営への貢献を求め、本格的な再軍備を要請した。これに対して吉田は、国内の治安を維持し間接侵略に対処するため警察予備隊の設置と強化は認めたが、本格的な再軍備には徹頭徹尾、抵抗した。吉田によれば、日本にとっての最優先課題は経済復興であり、再軍備に伴う経済的負担は、それに重大な支障を与える危険性があった。また、再軍備を通じて、戦前の軍国主義が復活する懸念もあるとされた。さらに、日本の軍事力によって被害を受けた周辺諸国が日本の再軍備に脅威を感じることへの配慮も必要とされた。

吉田は再軍備を否定したのではない。再軍備は、経済復興に合わせて漸進的に行うべきだと主張したのである。無理な再軍備の強行が経済を混乱させ、政治的・社会的不安を招くことを恐れたのであった。安全保障の基盤は政治・経済・社会の安定性にあると見なされた。日本の政治・経済・社会の安定性それ自体が、西側防衛に対する貢献としての意味を持った。それに、再軍備以外の、非軍事的手段による貢献ができるはずであった。本格的な再軍備は将来に委ねられたのである。

一方、安全保障に関する日米二国間協定は片務的となることが避けられなかった。そもそも戦勝国と戦敗国との講和が対等であるはずはなかった（前掲『吉田茂と昭和史』）。いかに暫定的なものであれ、日米協定が実質的にはアメリカに基地を提供する「駐軍協定」にほかならず、安全保障をアメリカに依存するかわりに、その分、片務性を帯びざるを得ないことを、吉田はよく承知していた。一九五一年九月、サンフランシスコで日本政府全権団が講和条約に調印した後、日米安全保障条約（いわゆる旧安保条約）には吉田が一人で調印したのである。それは、吉田らしい責任の取り方であった。

講和の代償

吉田の最大の業績は、講和の早期達成であった。むろん、それには代償が伴った。理想的な全面講和は実現できなかった。在日米軍基地の実態は独立後も占領期とあまり変わらなかった。安保条約は片務的であった。沖縄や小笠原の領土帰属が確定されなかった。ダレスの圧力により、大陸中国とではなく、台湾の国民政府との間に平和条約を結ばざるを得なかった。

しかしながら、講和によって得たものは、その代償をはるかに上回った。何よりも独立・主権を回復し、開放的な国際経済システムに参加できるようになって、本来の貿易立国が可能になった。「同盟国」アメリカの国内市場開放も、日本の通商活動を助けた。少なくとも、ここまでは吉田の読みどおりだっただろう。吉田が見通すことができなかったのは、その後の急速な高度経済成長と経済大国化だったかもしれない。

一九六七（昭和四十二）年十月、吉田は、「吉田学校」と言われた彼の後継者たちによってなしとげられた高度成長の成果を見届けながら、死去した。八九歳であった。彼の功績にふさわしく国葬をもって葬られた。

リアリズム

吉田茂の政治指導者としての特徴として、思いつくことをあげてみたい。

最初に指摘したいのは、彼のリアリズムである。それは、戦前の日独同盟に対する反対や、戦後の中立主義に対する批判に見られるように、吉田独特の信念、それもかなり頑固な信念と表裏一体となっている。この点に留意したうえで注目すべきは、吉田が戦後の国際政治の変容を的確にとらえていたことである。本来的に吉田は、国際政治の本質は昔も今も変わらず力である、という考え方の持ち主だったが、力関係の変化には敏感であった。そして、米ソ二極対立による冷戦、核兵器の存在、アジア・太平洋地域におけるアメリカの圧倒的な力を前提とすると、一国単独の安全保障はもはや成り立たない、との結論を導き出したのだろう。

吉田の再軍備に対する抵抗（漸進的再軍備論）は、こうした国際政治認識に裏付けられていた。それゆえ彼は自主防衛論にはまったく与《くみ》しなかった。独立後の自衛隊創設や、その後の自衛隊育成に注いだ彼の関心と努力を見ると、吉田が防衛力を軽視したわけではない。漸進的ではありながら、吉田が実質的には再軍備を進めたことも間違いない。しかし、それは自主防衛論に基づく再軍備ではなかった。もし一九五〇年代に再軍備が自主防衛論から出発していたならば、その経済的コストのために、六〇年代の高度経済成長はあり得なかっただろう。その点を、吉田はリアルに見通していたと言えよう。

課題の単純化

次に、そうしたリアリズムの上に立って、吉田が問題を単純明快に絞り込み、その単純化された問題の解決に専念したことに注目したい（前掲『宰相吉田茂』）。ともすると、こうした姿勢は、しばしば明確なヴィジョンを欠いたその場しのぎのように見えることがある。しかし、吉田の場合、食糧危機の回避や経済復興の優先に示されるように、いずれも最終目標は早期講和、独立回復に置かれていた。たとえ、その具体的スケジュールを示すことはできなくても。

戦争に敗れて人心が荒廃し、空襲の被害によって経済基盤が破綻をきたし、占領軍がいかなる報復や懲罰を加えるか分からない、という状況にあって、山積するすべての問題を関連づけて解決を図ろうとするのは、猫が毛糸の玉をいじくるようなもので、こんがらかるばかりだっただろう。この意味で、吉田が問題を適切に単純化したのは、すぐれたリーダーシップの発揮であった。

ただし、独立回復後、吉田の政治指導にはそうした単純明快さが見られなくなってしまう。明確なヴィジョンも示されなくなる。本章冒頭の中曽根の吉田批判はそこを衝いたものであった。

また、後に、吉田の外交路線は親米・軽武装・経済専念を内容とする「吉田ドクトリン」として、戦後日本が受け継いでゆくべき正統外交と高く評価されたり、逆に中曽根の場合のようにきびしく批判する対象となったりしたが、そもそも彼の外交はそれぞれの時点で「最も手っとり早く、且つ効果的な」ものとして実践されたのであり、ヴィジョンとして高く掲げられたものではない。まして「ドクトリン」などでは決してなかった。

権力基盤

単純化した課題を解決してゆくうえで、吉田がつねに重視したのは権力基盤の強化である。第一次内閣を組織するときは、第二党の進歩党との連立を求め、少数党内閣を回避した。第二次内閣は民自党の少数党内閣だったが、民自党は総選挙で過半数を制し、しかも第三次内閣では第二党民主党との連立を組んだ。吉田は権力基盤を安定化させたうえで課題解決に臨んだのである。

権力基盤が安定していれば、占領軍との折衝もやりやすかった。特に抵抗する場合、政府・議会一致の抵抗であるとすることができた。それでも抵抗がかなわず、占領軍の意向を受け入れざるを得ない場合は、潔くこれを実行するために、内閣・国会での承認・了承を取り付けるうえで、安定した権力基盤は必要不可欠であった。

吉田は「政党嫌い」ではあったが、戦前の外務次官時代の軍縮条約の経験で、政治家たちと付き合うコツのようなものは摑んでいたようである。また、公職追放で戦前以来の政治家が退場すると、池田勇人や佐藤栄作に代表される中堅官僚を抜擢して政治家に鍛え上げた。これがいわゆる「吉田学校」で、やがて吉田の長期政権を支える柱となった。

吉田は、自由主義者であった。より正確に言うならば、貴族主義的な自由主義者であった。ただし、吉田は、民主主義者ではなかったかもしれない。彼は民意を無視しようとはしなかったが、しばしば昂然《こうぜん》として民衆に迎合しようとはしなかった。占領期には、その信念と頑固さがかえって人々の人気を博した。だが、長期政権下で昂然としていることは、民意から遠ざかることを意味したのである。彼は民意を味方につける術《すべ》を持っていなかった。

歴史意識

最後に、政治指導者としての吉田茂の最も重要な特質として、彼の歴史意識をもう一度強調しておきたい。繰り返しになるが、それは、敗戦と占領という困難を極めた時代に国民を生かし、国家（吉田なら「国体」と言うかもしれない）を保持し、「戦争には負けても外交に勝って」いずれは独立を勝ち取るためにこそ、自分はこれまで生きてきたのだ、という意識である。それは、自国の歴史と伝統についての深い理解に基づいた、歴史への責任感覚と言ってもよい。戦争に負けたあと、このような歴史に対する責任感覚を持った指導者を得たことは、日本人にとってまことに幸運であった。

*

亡くなる二年前、吉田茂はNHKテレビの特集番組に登場した。終戦二〇周年を記念した「わが外交を語る」というインタヴューである。聞き手は歴史家の萩原延寿氏と京大助教授の高坂正堯氏である。もう三人ともこの世にはいない。

私は、高校二年生のとき、この番組を見た。お爺ちゃんがニコニコしながら、若い二人（当時萩原氏は三九歳、高坂先生は三一歳）の質問に、半分茶化しながら答えている、という印象が残った。

インタヴューはすぐ活字化されて、当時若者に人気があった『平凡パンチ』に全文掲載されたというから、相当の反響があったのだろう。その後、前掲『人間 吉田茂』に収録されている。その中で、人間吉田茂を偲ばせる一節を紹介してこの拙文を締めくくろう。

萩原　核兵器の問題はいかがですか。

吉田　核兵器の問題は私には分からないんですがねえ。子供のときになかったですから（笑）。

このような答え方をする政治家はもういない。

第三章　東条英機

国会演説（1944年１月、共同通信社）

一八八四（明治十七）年東京生まれ。陸軍士官学校十七期生。陸軍大学校卒業後、関東軍参謀長、陸軍次官などを経て、第二次・第三次近衛内閣の陸軍大臣を務める。一九四一年、現役陸相のまま組閣し、対米英開戦を決定。四四年には参謀総長も併任するが同年七月のサイパン島陥落を機に総辞職。陸軍大将。敗戦後、極東国際軍事裁判でA級戦犯として死刑判決を受け、四八年十二月、絞首刑。

「悪魔の息子」

これまでは戦後の指導者を取り上げた。ここからは、昭和戦前期（敗戦まで）の指導者を取り上げることにする。

昭和期の最も大きな出来事は大東亜戦争（太平洋戦争）であった。そもそもこの戦争によって、昭和期は二つに区分されている。実際には戦前期と戦後期の長さはだいぶ違っており、戦前期は戦後期の約半分でしかないのだが、大東亜戦争を区切りとして昭和期を二つに区分することに誰も疑いを差し挟まないのは、それだけこの戦争の歴史的な意味の大きさを物語っている。東条英機はこの戦争の開戦時の首相であった。

前章で取り上げた吉田茂は、敗戦直後の一九四五（昭和二十）年八月二十七日、かつての同僚、来栖三郎に宛てた四枚の絵ハガキのなかで次のように述べている。

遂ニ来るものか来候、If the Devil has a son, surely he is Tojo.〔中略〕因果ハめぐる何とか、嘗て小生共を苦しめたるケンペイ君、ポツダム宣言ニ所謂戦争責任の糾弾に恐れを為し、米俘虐待の脛疵《すねきず》連、昨今脱営逃避の陋態《ろうたい》、其《その》頭目東条ハ青梅の古寺ニ潜伏中のよし、釈放せられし当時、実ハ今ニ見ろと小生も内々含むところなきニ非《あらざ》りしも、今ハザマを見ろと些《いささ》か溜飲を下け居候（吉田茂記念事業財団編『吉田茂書翰』中央公論社、一九九四年）

吉田は憲兵に監視され（私邸にスパイが潜り込んでいた）、この年の四月には逮捕されて四〇日ほど拘留されたことがあった。ザマを見ろと溜飲を下げたと茶化して言っているのは、そのことを指している。吉田が逮捕されたとき、東条はすでに内閣を総辞職し権力の座を去っていたはずだが、それでも憲兵の「頭目」と見なされているのは、それだけ東条が陸軍の権力と専横の代表的存在と考えられていたからだろう。

吉田は東条を「悪魔の息子」にもなぞらえている。吉田は陸軍の「皇道派」に近く、早期和平実現のため皇道派と協力して東条内閣を倒そうと画策した。吉田からすれば、東条は、戦うべからざる戦争を始めた責任者であり、速やかに止めるべき戦争をいたずらに長引かせた張本人であった。天皇の本来の意思に背いて権力を簒奪し、国家を破滅に導いた陸軍の代表的存在こそ東条であった。その意味で東条は「悪魔の息子」とされたのだろう。はたして東条は本当に「悪魔の息子」だったのか。

反藩閥

東条英機は、一八八四（明治十七）年十二月、東京に生まれた。ときどき岩手県出身とされるのは、東条家が南部藩の家臣だったことによる。父英教は陸軍大学校（陸大）第一期生（首席卒業）として将来を嘱望された軍人だったが、陸軍を牛耳る長州閥と合わず、不遇のまま、日露戦争後、中将に名誉進級して退役となった。英教は一生涯、藩閥に対する怨念を抱き続けたようである。明治末年の雑誌『太陽』には英教が執筆したエッセイが掲載されている。そこで彼は次のように論じている。「今日「藩閥」といふ感じを持つて居らぬ者は、蓋《けだ》し、この無数の将校中、一人もあるまい。〔中略〕仮令《たとい》、下級将校中と雖《いえ》ども、藩閥といふことを忘れて真に無邪気で居る者は、恐らく、無いのである」（東条英教「川上将軍」『太陽』第十八巻第九号）。

東条英機は、一八九九年、父の在職中に陸軍幼年学校に入り、日露戦争中に陸軍士官学校（陸士）を卒業した。陸士十七期である。父・英教が上掲のエッセイを書いたころ、英機は陸大に入校した。藩閥に対する英教の反感は、息子の英機にも受け継がれていた。一九二二

（大正十一）年から三年余り東条英機は陸大教官を務めているが、そのころ陸大では山口県（長州）出身の合格者が一人も出ていない。長州閥に批判的な教官たちが、山口出身者は合格させるな、と申し合わせていたからだ、という説もある。事の真偽は不明だが、もし事実であるとするならば、東条は当然ながら、その申し合わせに加わっていたことになる。

このこととの関連で注目されるのは、一九二一年、ドイツのバーデン・バーデンで三人の少壮軍人が陸軍革新について話し合って盟約を結び、その後、当時ドイツに駐在していた東条も盟約に加わった、とされているエピソードである。保養地バーデン・バーデンに会したのは、ヨーロッパに出張してきた岡村寧次、ロシア駐在武官（ロシアに入国できないためベルリン滞在）の小畑敏四郎、スイス駐在武官の永田鉄山の三人で、いずれも少佐、陸士の同期生（十六期）であった。これはバーデン・バーデンの盟約などと呼ばれるが、実際はヨーロッパで同期生が久しぶりで会って、陸軍の現状に対する不満や批判、改革の方向を語り合った、という程度のことだっただろう。三人より一期後輩の東条も、革新運動への参加を求められたわけである。

陸軍革新のポイントは二つに要約される。一つは派閥を解消して人事を刷新することであり、もう一つは軍制改革を進めて総動員態勢を確立することであった。派閥解消が長州閥打破を意味していたことは言うまでもない。ただし、派閥解消・人事刷新はそれだけにとどまるものでもなかった。人事刷新は軍制改革のためにこそ必要とされていたからである。

当時、彼ら少壮軍人たちに衝撃を与えたのは、第一次世界大戦を通じて戦争様相が一変したことであった。戦争は、予想をはるかに上回る規模で激しく、かつ長期に戦われ、戦場で費消される人員や兵器・軍需品がとてつもない量に達した。戦争を遂行するためには、国家が有するあらゆる人的・物的資源を投入しなければならなかった。いわゆる総力戦である。ヨーロッパの戦争を実見した日本の少壮軍人たちは、日本も将来、総力戦を戦うためには、戦争に国家の全資源を投入し得る総動員態勢を構築しなければならない、と考えるようになる。こうした総力戦認識が、永田らの軍制改革要求を促した。

彼らの帰国後、永田を中心として二葉会という少壮将校のグループが結成され、二葉会はさらに一夕会に発展してゆく。こうして陸軍革新運動は、少壮軍人の間に組織横断的な研究グループを生み出し、それが一部、政治化の傾向を帯びてゆく。東条は二葉会でも一夕会でも主要メンバーの一人であった。

統制派

東条は、政治化してゆく革新少壮将校グループの中で活動するだけでなく、公的な職務の面でも、国家総動員に関係する重要なポストについて陸軍革新のために活動する。一九二八

（昭和三）年には陸軍省整備局の動員課長、一九三一年、満洲事変の直前には参謀本部の編制動員課長となった。永田のリーダーシップの下で、東条は有能な軍事官僚としての能力を発揮する。

満洲事変の過程で、革新派少壮将校の輿望《よぼう》を担って荒木貞夫が陸軍大臣に就任し、陸軍の政治的影響力も大きくなるが、それに伴うかのように陸軍革新運動は分裂を始める。荒木は、それまで主流から退けられていた軍人たちを集め、いわば朋党比周的な人事を行って、永田たちの不信を買った。荒木を中心とした軍人グループは皇道派と呼ばれ、彼らは、急進的な革新運動（青年将校運動）を進める尉官クラスの隊付将校たちを自派勢力の活動分子として抱え込もうとした。これに対して永田らは、改革は陸軍が省部（陸軍省と参謀本部）を中心とし組織一体となって行うべきものであって、軍人はすべて組織の統制に服さねばならないと主張し、その統制から逸脱する危険性があった青年将校運動の抑制を図ろうとした。こうした意味で、永田らは統制派と呼ばれた。

統制派が派閥的集団であったかどうかについては異論がある。皇道派は典型的な派閥グループだったが、これに対して皇道派に批判的な軍人は、いわば一緒くたに統制派とされたからである。したがって、皇道派の派閥的行動に反対する軍人たちが統制派と呼ばれたと言ってもよい。永田に連なる東条が統制派の一員であったとされるのは、このような意味であったと理解すべきだろう。

荒木が陸相で皇道派の全盛時代、東条はあまりポストに恵まれず、やや不遇であった。永田に近かったこともあって、東条は皇道派に反対する軍人たちの代表的存在であった。一九三四年十一月、陸軍士官学校の生徒が青年将校運動のリーダーとクーデターを計画していることが発覚した、という事件（士官学校事件）が起こる。これは、陸士教官の辻政信が生徒をスパイに使ってでっち上げた事件にほかならなかったが、陸士幹事（副校長に相当）の東条もその責任を問われ、辻とともに事実上左遷された。

やがて荒木の陸相辞任によって皇道派の勢力は弱くなってゆくが、一九三五年八月には、軍務局長の永田が白昼、執務室で皇道派の将校に斬殺されるという陰惨な事件が発生した。翌年二月、二・二六事件が起こったことはよく知られているとおりである。東条は、皇道派をめぐる陸軍の内部抗争に深くコミットしていた。また、東条が深く兄事していた永田は、その抗争の渦中で暗殺された。このことは、その後の東条の行動に大きな影を及ぼしてゆくことになる。

関東憲兵隊司令官

永田暗殺直後の一九三五年九月、東条は満洲の関東憲兵隊司令官となる。三七年三月には関東軍参謀長に就任し、三八年五月に東京に戻るまで、二年半余り満洲に勤務した。当時、満洲の実力者として「二キ三スケ」ということが言われた。星野直樹、東条英機、鮎川義介、松岡洋右、岸信介の五人である。軍人としては東条一人だけがあげられている。それだけ彼には、良い意味でも悪い意味でも、存在感があったということなのだろう。

その存在感は、憲兵隊司令官としての辣腕《らつわん》によって示された。二・二六事件のとき、東条は、関東軍で事件に同調しそうな軍人のほとんどを拘束した。東条指揮下の関東憲兵隊は、陸軍の組織的統制に抵抗し政治活動に傾斜しがちな「要注意」軍人を洗い出し、事件前からきびしい監視下に置いていたのである。

憲兵を用いて「要注意」人物に関する情報を集め監視下に置くという方式は、急進的な軍人に対してだけでなく、関東軍あるいは満洲国に敵対的と思われる人物に対しても大きな威圧効果を持った。東条は、司令官としてその効果を実際に試し、確認することができた。誇張して言えば、満洲時代に東条は、「憲兵政治」のうまみを知ったことになる。

満洲時代の東条について指摘しておかなければならないのは、石原莞爾との反目である。石原は参謀本部作戦部長として支那事変（日中戦争）初期段階での兵力逐次投入の責任を問われ、一九三七年十月、関東軍参謀副長に左遷された。東条参謀長・石原副長のペアは約半年しか続かなかったのだが、この短い期間内に両者の間には抜きがたい不信と反目が生まれ、それが広がってゆく。

満洲国を誕生させた石原の目には、現実の満洲国が「王道楽土・民族協和」という当初の理想から離れ、日系官吏が主導する官僚国家に変質しつつあるように見えた。東条からすれば、それは国家としての当然の成長であり成熟への道筋であった。単純化すれば、東条と石原の反目は、現実主義者と理想主義者の対立であったと見ることができよう。さらに、天才肌の石原に対する努力型の東条のコンプレックスという一面もあったかもしれない。

石原が左遷されて来る前のことだが、支那事変の勃発直後、関東軍は察哈爾《チャハル》兵団を編成し、東条がこれを率いて内蒙古に侵入、親日政権擁立の基盤をつくり、三ヵ月たらずで引き揚げた。その機敏さが好評を博したという（土屋道雄「運命の生贄　東條英機」『歴史と人物』一九七五年一月号）。ただし、参謀長が部隊を指揮するというのは異例であり、例外に属した。また、これは東条が実戦部隊を指揮した唯一の例である。

カミソリ

一九三八年五月、東条は陸軍次官に起用される。このとき首相の近衛文麿が内閣の大改造に踏み切り、陸相・外相・蔵相といった主要閣僚を更迭したのである。陸相には、杉山元に代わって板垣征四郎が就任した。杉山とともに次官の梅津美治郎も転出することになったが、板垣には陸軍省部の要職についた経験がなかったため、それを危ぶんだ梅津は、事務能力に長けた東条を自分の後任に据えたのだと言われる。その事務能力の高さのゆえに、東条は「カミソリ次官」という渾名を付けられた。頭がキレル、というわけである。

しかし、当時、軍務局軍事課員（予算班長）であった西浦進によれば、東条次官は所信断行、実行力という点では買われていたが、「何だか板につかないところが多」く、生硬で、勉強家ではあるけれども「最も優秀な大尉参謀」のように感じられたという（西浦進『昭和戦争史の証言 日本陸軍終焉の真実』日経ビジネス人文庫、二〇一三年）。東条には、陸軍首脳として大局観に欠けるところがあったのかもしれない。やがて彼は、参謀次長の多田駿と衝突、喧嘩両成敗のかたちで同年十二月に次官を辞めるに至る。わずか半年余りの次官勤務であった。

それから一年半ほど経って、東条は陸軍大臣として戻ってくる。一九四〇年七月に成立した第二次近衛内閣の陸相である。東条の陸相起用は陸軍部内のほぼ衆目の一致するところだったようである。省部の多くの軍人は東条の「統制力」に期待した。そして東条はその期待に応えた。同年九月下旬、北部仏印進駐を強行し武力衝突を引き起こした責任を問い、富永恭次参謀本部作戦部長を解任し、作戦課員たちも更迭した。出先の軍隊はともかく、少なくとも省部の下剋上的な傾向は抑えられた。一九四一年一月、「生きて虜囚の辱《はずかし》めを受けず、死して罪禍の汚名を残すこと勿《なか》れ」という文言で有名な戦陣訓が陸相の名で布達されたが、これは中国大陸に駐留する軍隊の軍紀を維持し「戦陣道徳昂揚」を図るためだったという。

東条の事務能力は陸相としても遺憾なく発揮された。東条陸相は陸軍省の各局長を同時に兼務できると言われていたが、西浦によれば、局長以上に各局のことを知っており、担当課の課長を兼務できるほどだった（前掲『昭和戦争史の証言 日本陸軍終焉の真実』）。東条は勉強家であり、努力の人であった。陸相時代も、そしてその後の首相時代も、無用の来客との面会や夜の宴会は極力避け、毎日、夜の十二時近くまで書類を読み、日曜の午前中も官邸で書類を整理することがあった。秘書官が夕方に書類箱一杯の報告や文書を届けると、翌朝までには全部に目を通し、必要なものには処置方針を記入して返したという。

秘書官の赤松貞雄によれば、東条は、部下の報告をいちいちメモに取り、それを後で整理して事項別と年月別に分け、これを特別製の書類箱に保管した。また、このメモに基づき、事項別、年月別、大臣として心がけるべきこと、の三種類の手帳を持ち、これを半年ごとに更新した（赤松貞雄『東條秘書官機密日誌』文藝春秋、一九八五年）。やや偏執狂的とも言える努力と勉強であった。こうした努力と勉強が、東条の事務能力を支えていたのである。

「虎穴に入らずんば虎児を得ず」

一九四一年十月、東条は第三次近衛内閣総辞職の後を受け内閣を組織する。そのとき昭和天皇は内大臣木戸幸一に、「虎穴に入らずんば虎児を得ずと云ふことだね」と語ったという（『木戸幸一日記』下巻、東京大学出版会、一九六六年）。天皇は、何を「虎穴」と「虎児」になぞらえたのか。

よく知られているように、この年の四月から日米間では国交調整交渉が試みられていた。日米の衝突を避けるための交渉であった。だが、七月の南部仏印進駐によって交渉は暗礁に乗り上げる。アメリカは在米日本資産を凍結し、対日石油輸出禁止に訴えた。交渉のデッドロックを打開するには、日本側が何らかの譲歩を示さなければならなかった。近衛首相は、中国からの早期撤兵や、日独伊三国同盟の実質的解消といったアメリカ側の要求に応じて、難局打開を図ろうとした。しかし、陸軍は非妥協的で、とりわけ中国からの早期撤兵には頑なに抵抗した。陸軍を代表して頑なな態度をとり続けた人物こそ、陸相の東条であった。

近衛は、東条陸相から対米交渉条件の同意を得られなかったため、ついに内閣を投げ出した。ところが、木戸と天皇は、近衛内閣を総辞職に追い込んだ張本人の東条を後継首班に選び、対米戦争回避を図ったのである。「虎穴に入る」とは、対米強硬論者の東条を首相とすることであり、「虎児を得る」とは、その東条に戦争回避の方向に国策の舵を切らせることであった。対米譲歩に反対であった東条を首相の座に据え、彼によって対米戦争を回避させる、というのはまさに「奇策」であった。

問題のカギは九月六日の御前会議決定「帝国国策遂行要領」にあった。この日の御前会議では、天皇が明治天皇の御製を詠み上げ戦争回避の意向を表明したにもかかわらず、十月上旬までに対米交渉の見込みが付かなければ対米戦争を決意する、との大本営政府連絡会議決定を承認してしまったのである。対米交渉の進展が見えない状況のもとで、戦争を回避するには、この御前会議決定を白紙に戻さなければならなかった。

東条ならばそれができる、と木戸や天皇は考えた。東条は、中国からの早期撤兵反対など陸軍の立場を頑なに主張していたが、対米主戦論に凝り固まっているようには見えなかった。日米国交調整交渉や大本営政府連絡会議での審議など、これまでの経緯を熟知しており、天皇の戦争回避の意向も充分に承知しているはずであった。何よりも重視されたのは東条の天皇に対する忠誠心である。陸相に就任して以来、東条が天皇の意思を尊重し、それにそった行動を取ろうと努めてきたことを、木戸や天皇は評価していた。したがって、もし天皇が御前会議決定の白紙還元を命じたならば、東条はそれに忠実に従おうとするだろう、と木戸や天皇は確信したのである。

もし御前会議決定を白紙に還元したならば、陸軍部内が動揺し、激しい抵抗が生じることが予想された。この懸念についても、木戸や天皇は東条を信頼し彼に期待した。東条ならば、陸軍部内を統制し動揺を抑えることができると考えたのである。東条が北部仏印進駐で生じた不祥事の責任者を処分し、下剋上や独断専行など陸軍の悪弊を矯正して統制の回復に実績をあげてきたことを、木戸や天皇は評価した。

当時、天皇の諮問を受け後継首相を推薦するのは、首相経験者等から構成される重臣会議の役割であった。事前の根回しや重臣会議の場で、木戸は東条を強く推薦し、重臣たちの合意を取り付けることに成功した。戦争か和平かを決定する重大なときだから、東久邇宮稔彦王（陸軍大将）のような皇族に首相を引き受けてもらうべきではないか、との議論も一部にはあったが、皇族に重大な責任を負わせることは、その政策が失敗した場合、天皇個人ひいては天皇制にさえ深刻なダメージを与えると危惧され、採用されなかった。

組閣の大命降下は東条にとっても予想外であった。宮中からのお召しによって参内した東条は、日米交渉に期待する天皇の意向にそえなかったことについてきびしい叱責を受けるにちがいないと覚悟していた。ところが、予想に反して彼は組閣の大命を受けたのである。東条は、ことの意外さと担うべき責任の重さに大きな衝撃を受けた。衝撃を受けながらも彼は、天皇と木戸の期待と信頼に忠実に応えようとする。

陸軍省に帰った東条は、まず組閣本部から彼の幕僚を閉め出した（佐藤賢了『大東亜戦争回顧録』徳間書店、一九六六年）。首相となるからには、一陸軍の代弁者ではなく、天皇の意向を受けて大局的見地に立とうとする彼の決意の表れであったと見ることができよう。さらに東条は、戦争回避に成功した場合の陸軍の動揺を抑えるために、現役にとどまり陸相を兼ねた。また、民間の主戦論者に対処し国内の治安を維持するため、内相も兼任した。陸相として憲兵を、内相として警察を握ったのである。

東条は、天皇の意向に従って、九月六日の御前会議決定を白紙還元し、国策の再検討に全力を注いだ。東条の要請に応じて東郷茂徳が外相に就任し、賀屋興宣が蔵相を引き受けたのも、首相の真意が対米戦回避にあることを納得したからである。十月下旬、東条は連日のように軍事参議官会議、大本営政府連絡会議を開いて、国策転換をめぐる協議を続けた。陸相時代に、対米交渉に見通しが立たなければ開戦せざるを得ないと主張し、交渉継続に賭ける近衛内閣を倒した東条は、皮肉にも今度は、もう一度アメリカとの交渉に賭けることを論じ、陸軍内部から「変節」を責められるようになった。参謀本部の少壮将校は次のように批判している。「近衛内閣ヲ乗取リタル東條陸相カ総理トナルヤ　オ上〔天皇〕ヲ云々シテ決心ヲ変更シ近衛ト同様ノ態度ヲ取ルトハ如何　東條陸相ニ節操アリヤ否ヤ」（軍事史学会編『大本営陸軍部戦争指導班機密戦争日誌』上、錦正社、二〇〇八年）。

国策再検討の結果は十一月初めにまとまった。十一月五日、御前会議で「帝国国策遂行要領」という九月六日と同じ名称の決定がなされた。しかし、それは天皇が望んだ国策の根本的転換とはならなかった。対米交渉を継続するため暫定協定案が作成されたが、これによっても交渉が十一月中に決着しない場合は、戦争に訴えることになったのである。たしかに九月六日の御前会議決定に基づく即時参戦は避けられ、交渉条件も若干緩和された。だが、外交交渉と戦争準備との二本立てで進み、交渉に期限を設け、期限内に決着がつかなければ開戦する、という基本方針は実質的に変わらなかった。制限時間がひと月ほど延びただけであった。

そして対米交渉はその後もほとんど進展しなかった。アメリカは日本の暫定協定案に応えなかった。十一月下旬、アメリカはいわゆるハル・ノートを通告してくる。それは、約半年に及ぶ日米交渉の経緯を無視するに等しかった。日本はこれを最後通牒と受け取った。十二月一日、御前会議は対米開戦を決定する。

東条は白紙還元の「御諚」に従い、国策再検討のために審議を尽くし、そのうえで定められた手続きを踏んで開戦の決定に至った。それを天皇は認めざるを得なかった。天皇にとって開戦は本意ではなかった。しかし、政府と軍の責任者が正規の手続きを踏み合意によって開戦を決定したからには、立憲君主たる天皇がそれを否定することは許されなかった。少なくとも天皇はそう考えた。

東条にとっても開戦は本意ではなかったかもしれない。それ以上に東条にとって本意に反したのは、開戦回避という天皇の意向に応えられなかったことである。十一月初めに国策再検討の結果を天皇に報告した際、東条は思わず涙声になった。それはおそらく天皇の意向にそえなかったことへの強い悔恨によるものだっただろう。

政治と軍事の分離

前述したように、東条は組閣に際して、陸軍省の彼の幕僚を組閣本部からシャットアウトした。これは、陸軍という組織を超えて大局的見地に立とうとする彼の決意の表れであったが、それとともに、何事にも「けじめ」をつける彼の生まじめさを示すエピソードでもある。それに加えて、このエピソードは、政治と軍事の関係についての東条の基本的な考え方を表しているようにも思われる。つまり、東条は、政治的思惑（党派的考慮）が軍事に介入することを嫌うと同時に、軍事が政治に関わることも極力避けようとしたのである。政治と軍事の分離が、東条の政治指導ないし戦争指導の前提であった。

しかしながら、実際に戦争が始まってみると、政治と軍事を分離したままで戦争を指導することは無理であった。東条はこの二つを、いかにも彼らしいやり方で統合しようとする。それは、生まじめであり、かつきわめて官僚的な方式であった。端的に言えば、東条は首相としての立場と陸相としての立場を、生まじめに使い分けようとしたのである。それは彼の行動記録に、よく示されている。東条は、原則的には首相官邸で執務しながら、週に何度かは必ず陸相官邸で執務し、陸相としての職務をこなしている（伊藤隆ほか編『東條内閣総理大臣機密記録――東條英機大将言行録』東京大学出版会、一九九〇年）。東条は、首相としての立場に陸相としての立場を取り込み、自分に権力を集中させることによって政治と軍事の統合を図ろうとはしなかった。彼は二つのポストを巧みに使い分けることに、並々ならぬ努力を傾けたのである。

このことに関連して、もうひとつ興味深いエピソードがある。一九四二年春、陸軍省軍務局長に就任したばかりの佐藤賢了に対して、東条は次のような注意を与えたという。陸軍と海軍との間にもめごとが起こったら、軍務局長レベルで解決せよ。決して大臣レベルまで問題を上げてはならない。問題が大臣レベルまで上がってきて、そこでも決着がつかない場合は、最終的には首相が間に立って公平な立場で調停しなければならない。しかし、自分のように首相と陸相が同一人物であれば、その調停はあり得ず、陸海軍の間に亀裂が生じ分裂する危険性がある。したがって、そうした事態を避けるためには、どうしても軍務局長レベルで解決しておく必要がある、と（前掲『大東亜戦争回顧録』）。

戦争指導者としての本来のあり方からすれば、このような注意はあり得ないだろう。陸海軍を分裂させるかもしれないほど重要な問題ならば、トップの指導者が直接決定し、分裂を抑え、部下に決定の実行を命じる、というのが本来のあり方だろう。だが、東条にはそうした発想はなかった。きびしい対立を招きかねない問題は、部下による調整に委ねようとした。自らの決定を押し付けて軋轢《あつれき》を生じさせるようなことは、できるだけ避けようとしたのである。

統帥権

軋轢を避けようというのは海軍に対してだけではなかった。統帥部に対してもそうであった。統帥部との意見の対立が生じた場合、東条は正面から争って問題を紛糾させることを躊躇した。そもそも彼には統帥権に挑戦しようという発想がなかった。軍政と軍令の区別＝けじめも大事であった。統帥部の行き過ぎを抑えようとするとき、東条は間接的で迂遠な抑制措置しかとらなかった。ガダルカナルからの撤退をめぐる統帥部との意見対立は、その典型的な例である。

このとき陸軍省は、ガダルカナル攻略作戦の継続を主張する統帥部に対して、作戦そのものには異を唱えず、作戦継続のために要求された輸送船舶の量を削減することによって、作戦中止・撤退に導こうとした。東条が指導する政府および陸軍省は、統帥部に正面から挑戦・干渉せず、行政的な面から抑制・牽制を試みたのである。それでも統帥部側では、軍政当局の干渉が強まったとして反撥し、参謀本部作戦部長の田中新一は東条陸相を「バカヤロー」と罵倒した。田中はたちまち作戦部長を解任され左遷された。軍内の秩序を乱すこのような面での「統制」について、東条はきわめて厳格であった。

東条の戦争指導に制度的な制約があったことは認めなければならない。彼はまず、海軍のことにはほとんど関与できなかった。さらに、統帥権独立（軍令機関と軍政機関の対等並列）によって、陸軍に関してでさえ、軍令事項への関与には限度があった。当時の戦争指導機構としては大本営（一九三七年十一月設置）があったが、構成メンバーは陸海軍の軍人だけであり、その大半は統帥部員で占められた。政戦両略の一致を図るため、大本営政府連絡会議が設けられたが、実態は文字通りの「連絡」に終始し、政治と軍事との統合を実現するにはほど遠かった。

ただし、東条首相は現役のままで陸相を兼ねた。現役軍人の首相が陸相をも兼ねたのは、一八八五年に内閣制度が始まって以来のことである。陸相兼任によって東条は大本営に列することができた。大本営に列することによって、陸海軍の作戦計画に関与し、詳しい戦況情報に接することができた。しかしながら、作戦に関与することとそれを指導することとは同じではない。陸相は、大本営に列することはできても、作戦計画の立案に関わったり、その実施を指導することはできなかった。統帥権独立の壁はやはり厚かったのである。

しかしながら、そもそも統帥権独立という制度は昭和になってからつくられたわけではない。日清戦争のときにも日露戦争のときにも統帥権は独立していたのである。だが、この制度が明治期の戦争指導をきびしく制約することはなかった。統帥権独立は、自由民権運動が軍隊に浸透してくることを防止するという意味での軍隊の非政治化を図るための制度であって、戦争指導のための制度ではなかったからである。したがって、明治期の政軍指導者は、統帥権独立が戦争指導の実効性を妨げる場合には、この制度を無視した（雨宮昭一『近代日本の戦争指導』吉川弘文館、一九九七年）。必要な場合には制度を無視することによって、すぐれた戦争指導をなしとげたとも言えよう。

ところが、明治期の指導者は制度を無視できたが、東条にはそれができなかった。明治期の指導者たちは統帥権独立の制度をつくった人たちであり、制度制定の本来の目的を知っていたから、この制度に合わない状況では、制度を無視することを躊躇しなかった。これに対して、東条のような昭和期の指導者は、この制度によって軍人としての自律性や特権を保障されてきた。統帥権独立によって育てられてきた世代と言ってもよい。それゆえ、彼らは制度を無視できず、制度に拘束されてしまった。

東条にとって、この制度の拘束を振りほどくことは、周囲の抵抗から考えても、自分の心理的抵抗からしても、きわめて難しかっただろう。こうした点でも彼は、政治と軍事を分離したまま、制度の拘束の枠内で、戦争指導を実践しようとしたのである。

参謀総長兼任

やがてミッドウェー海戦で敗北しガダルカナル攻略戦に失敗した後、日本は敗退を重ねる。陸海軍統帥部は戦勢挽回をねらって新たな作戦を計画し、そのたびに膨大な量の輸送船舶徴用を要求した。大量の船舶が作戦に徴用されると、占領地から日本への重要資源の輸送を圧迫し、軍需生産を含む国力造成に支障をきたした。こうして敗勢の進行とともに、戦争指導と統帥（作戦指導）との乖離はいよいよ大きくなった。陸相秘書官の井本熊男によれば、東条は「統帥権独立の下では戦争指導はできない」とよくこぼしていたという（井本熊男『作戦日誌で綴る大東亜戦争』芙蓉書房、一九七九年）。

統帥部に対する不満と不信が頂点に達した東条は、一九四四年二月ついに参謀総長兼任という措置に訴える。ようやく彼は制度の制約を乗り越えようとした。当然ながら、これに対しては強い批判が加えられたが、東条はこれを撥ねつけた。ただし、問題はこの措置に実効性があるかどうかであった。東条は、これまでの執務体制と同様に、週に何度か参謀本部で執務した。大本営内の事務の進行がスムースになったと評価されたのは、そのためでもあっただろう。だが、それだけでは戦争指導の実効性が上がったことにはならない。政治と軍事、国務と統帥が統合されたことにもならない。実際には、ここでも東条は自分に権力を集中させず、首相、陸相、参謀総長という職務を生まじめに使い分けただけであった。政治と軍事の統合ではなく、その衝突回避と事務の進捗を図ろうとしただけであった。

当時、軍事課長となっていた西浦進は参謀総長兼任について次のように回想している。

私自身としては、この兼任は大失敗であると思う。それはその結果が証明している。如何に有能の人でも総理、陸相、総長の兼任は無理であった。ただ、私としては、この難局に際して自ら進んで統帥部の責任まで引受けたその責任感というか、闘争力については敬意を表するものである。

（前掲『昭和戦争史の証言　日本陸軍終焉の真実』）

西浦は東条の「責任感」と「闘争力」を評価しながら、兼任という方式の限界を指摘している。おそらく、政治と軍事の統合の実効性を上げるためには、戦争に勝つための何らかの明確なヴィジョンを提示し、さらに統合機能を担う何らかのシステムが必要であった。それを東条は兼任という属人的統合だけでなしとげようとした。そこに無理があったのだろう。

イギリスやアメリカでは、ウィンストン・チャーチルやフランクリン・ローズヴェルトといった傑出した戦争指導者が、戦争のヴィジョンを語り、さまざまな経験の蓄積から政治と軍事の統合のためのシステムをつくりあげた。総力戦時代にふさわしい戦争指導者であった。東条はそうした戦争指導者のレベルに達することができなかったが、それも致し方なかったと考えるべきだろう。そもそも彼には政治指導者となるべき経験も用意もなかったのである。総動員を担当する軍事官僚としての経験は、総力戦時代の戦争指導者となる準備としては不充分であった。官僚はヴィジョンを語る必要はなかった。システムは自らつくるものではなく、上から与えられるものであった。制度的制約も依然として大きかった。参謀総長を兼任しても、海軍をリードすることはできなかったからである。

東条は戦時中、側近たちに自らのことを次のように語っている。

> 人はよく自分のことを政治家としても云々《うんぬん》と云《い》ふが、自分は政治家と云はるることはだいきらひだ。自分は戦術家と云はるるならばともかくちつとも政治家ではない。只、多年陸軍で体得した戦略方式をそのままやつてゐる丈《だけ》だ。
>
> （前掲『東條内閣総理大臣機密記録――東條英機大将言行録』）

東条の戦争指導は、あくまで軍人としての枠から離れられなかったのである。

天皇への忠誠と依存

戦後、佐藤賢了は東条の性格を次のように評している。

東條さんは決して独裁者でなく、その資質も備えてはいない。小心よくよくの性格である。意地っ張りでもあり、頑張り屋でもあった。自分の意見を押し通す迫力と実行力とに富み、それぞれの責任者以外からの意見は聞かない。眼界は割合狭い。だから、ちょっとみると独裁的に見える。それに当時の大きな権限を持っていたから、なおそう見え、世間では独裁者にしてしまった。

しかしその反面に弱い心があった。特に責任観念が強過ぎたので、常に自己の責任におびえているような面があった。ほんとうの強い独裁者でも、自己の責任におびえることは確かにあり、そこで神仏に頼ろうという例は少なくない。東條さんはその頼りを天皇陛下に求めた。

（佐藤賢了『佐藤賢了の証言』芙蓉書房、一九七六年）

この佐藤の東条評はなかなか鋭く、東条の性格をよく言い当てている。もともと天皇に対する忠誠心が強かった東条は、その点を買われて首相に起用されたわけだが、戦時宰相となるに及んで、戦争指導の責任の重圧を、天皇へのさらなる忠誠によって耐えようとしたかのようであった。

東条の天皇に対する忠誠心は、彼の「天皇親政」論に反映されている。東条は次のように述べている。従来、天皇への上奏は最終決定を報告するだけで、知らず知らずのうちに「天皇機関説」を実行するに等しかった。自分はこれを反省し、できる限り、最終決定の前の審議の途中にあるときに、中間報告をするよう心がけた、と。「中間報告を申し上げて居ることに依つて本当の御親政が行はれる」からであった（前掲『東條内閣総理大臣機密記録――東條英機大将言行録』）。

東条は、重要な問題については努めて中間報告をし、上奏時の天皇の質問内容やその口調から天皇の意向を忖度して、できる限りそれを尊重しようとした。それが彼の考える「天皇親政」のあり方であった。それは、内大臣木戸の考える「天皇親政」論とも波長を同じくし、天皇も満足するところであった。戦後、天皇は「彼〔東条〕程朕の意見を直ちに実行に移したものはない」と語っている（木下道雄『側近日誌』中公文庫、二〇一七年）。

開戦後に東条は、「上奏癖」と言われたほど足繁く参内し、週に一回ないし二回上奏を行った。また、天皇の質問を予想して丹念に準備し、たいていの質問には的確に答えることができた。ここでは、「メモ魔」東条の努力が報われたと言うべきだろう。天皇は戦後に、「東条は一生懸命仕事をやるし、平素云つてゐることも思慮周密で中々良い処があつた」と述べている（寺崎英成／マリコ・テラサキ・ミラー『昭和天皇独白録』文春文庫、一九九五年）。

戦前日本においても、政治的意志決定の責任は首相が負うべきものだったから、東条が天皇に最終的な決定を委ねたわけではない。東条は、中間報告を含む上奏を通じて、重要問題に関する理解と情報を天皇と共有しようとした。そうすることによって、彼（あるいは東条内閣）が実質的に決定したものを天皇が納得して裁可するという「天皇親政」の実をあげようとしたのである。

このような「天皇親政」論に示された東条の忠誠心は、しかし、単なる忠誠心というだけにはとどまらなかったように思われる。佐藤賢了の東条評に示唆されているように、東条は、戦争指導の重圧を、天皇への忠誠によって耐えようとした。言い換えれば、それは天皇への依存でもあった。

東条の天皇への依存は戦局の悪化とともに強まってゆく。一九四四年二月、参謀総長兼任の勅許を求めたとき、東条は閣議を宮中で開くことを願い出た。彼は、天皇が閣議に臨席することも望んでいた。宮中での閣議開催、天皇の臨席によって、「天皇親政」の実をさらにあげようとしたのである。この構想には、天皇の権威を借りるという思惑も絡んでいたかもしれない。しかし、それだけではなく、天皇の存在を身近に感じつつその意向にそって戦争指導の誤りなきを期したい、という思いもあったように思われる。こうした意味で、天皇への依存が強まっていたのである。

ところが、東条の天皇依存が強まるのとは逆に、天皇の東条に対する信頼は揺らぎ始める。実は、開戦の決定にもかかわらず、白紙還元の「御諚」に従い真摯に国策再検討に努めた東条に対して天皇の信頼は失われていなかった。むしろ、信頼は強まったかのようですらあった。それが戦局の悪化に伴い徐々に弱まってゆく。

天皇よりも先に東条への信頼を失ったのは木戸内大臣である。昭和期の内大臣は、天皇の国事に関する宮廷内第一の助言者であり、宮廷と外部の政治世界とを結ぶ連絡役・調整役でもあった（D・タイタス『日本の天皇政治』サイマル出版会、一九七九年）。したがって、東条が「天皇親政」の実をあげようとすればするほど、木戸の政治的な重みは増すことになった。東条が天皇の意向を理解するうえで、直接の上奏のほかに、木戸との意思の疎通は欠かせなかった。その木戸が、東条を見限り始めたのである。

反東条の動きは、木戸の東条不信が大きくなる前の一九四三年夏ごろから、重臣や海軍の一部で潜行していた。米軍の反攻に効果的に対処できない戦争指導に対する批判と、「憲兵政治」と呼ばれた抑圧的な政治運営に対する不満が、反東条の動きを促した。反東条派は、戦局や内政に関する正確な情報が、東条に遮られて、天皇のもとに届いていないと考えた。

しかし、東条は東条なりに、彼が有する情報を天皇や木戸に提供していたのである。少なくともこの点で、東条が天皇や木戸の不信を買った形跡はない。

おそらく東条が提供した情報には歪みがあり正確さに欠けるところもあったにちがいない。だが、それは東条の意図したものではなかった。歪みの多くは情報が東条のもとに届くまでに生じたと考えられる。東条は、自分を批判する者を遠ざけた。東条の周囲には彼に迎合しようとする者が集まった。こうして、東条にとって不都合な情報は彼自身のもとに届かなくなってしまったのである。

また、天皇も木戸も、責任者以外の意見を聞こうとしなかった。天皇は、海軍に籍を置く実弟の高松宮が東条の戦争指導を批判したとき、たとえ皇族であっても責任の立場にない者の意見は受け付けないとして、耳を貸さなかった。木戸も当初は、重臣たちの東条批判を「雑音」としか見なさず、天皇の耳に入れなかった（升味準之輔『昭和天皇とその時代』山川出版社、一九九八年）。

木戸の東条に対する信頼が揺らぎ始めたのは一九四四年に入ったころからで、戦局の好転がほとんど望み得なくなっていた。木戸は、重臣たちの東条倒閣運動に積極的な支持を与えたわけではないが、その動きを知りつつ、抑制しようともしなかった。同年六月のサイパン失陥は東条打倒の動きを一気に加速した。木戸は、東条の参謀総長兼任を、「片手間仕事」

で戦争指導をやるようなものだと次のように批判した。「敵を玄関先に迎へて片手間の作戦にては国民は安心せず」、戦争指導に対する批判はますます激しくなるだろう。そうなると、一内閣だけの問題にはとどまらず、「一歩を誤れば御聖徳に言及批判する傾向を激化する虞《おそ》れあり」（前掲『木戸幸一日記』下巻）。

東条は重臣を入閣させる内閣改造によって危機を切り抜けようとしたが、重臣たちの策略を封じることはできなかった。最終段階で木戸も重臣たちとともに東条失脚を図り、一九四四年七月東条内閣は総辞職した。

天皇は、東条の「悪評」を知っても、しばらくの間は彼の更迭を望んではいなかったようだが、最終的には彼を助けようとしなかった。それでも天皇は、東条が「袞龍《こんりょう》の袖〔天子の威徳〕に隠れるのはいけないと云つて立派に〔辞表を〕提出した」と述べて、その潔さを認め、東条を弁護するわけではないと断りながら、「私は東条に同情してゐる」と語った（前掲『昭和天皇独白録』）。

スケープゴート

敗戦直後、東条は、戦争はすべて彼のせいだと言わんばかりに非難された。連合国は彼をまるで「日本のヒトラー」のように見なし、日本人の多くは彼をスケープゴートにした。戦犯として逮捕される直前、自殺を図りながら失敗したことが、東条に対する軽蔑と悪罵をより強めた。

自決前に、東条は最後の陸相下村定に会い、その覚悟を伝えた。これに対して下村は、次のように説いた。戦争裁判で日本の立場や政府の責任を最も明らかにすることができるのは東条であり、その東条が自決したならば、累が皇室に及ぶ、つまり天皇の「戦争責任」が問われる危険性がある、と。東条は、法廷のためには詳細な供述書を用意してあると述べ、「臣節を全うする為死を以てお詫びせん」と答えるだけであった（上法快男編『東條英機』芙蓉書房、一九七四年）。また、陸相時代に布達した「戦陣訓」で、生きて虜囚の辱めを受けるな、と将兵に訓戒を与えたからには、自分も潔く死を選ぶべきだと東条は考えたのだという。

東条は、彼にとっては遺憾なことに、一命を取り留めた。戦犯として巣鴨に収監され、虜囚の辱めを受けた。しかし裁判では、日本の立場を明らかにすることと、天皇に累を及ぼさないことに、東条は全力を注いだ。長々と続く、しかも見せしめをねらった東京裁判（極東国際軍事裁判）で、被告たちの多くは倦《う》み疲れた態度を示しがちであったが、東条だけは持ち前の勤勉さと生まじめさを発揮し、丹念にメモを取る姿が目立ったという（秦郁彦『昭和史の軍人たち』文春学藝ライブラリー、二〇一六年）。

東条は、裁判で自ら証言台に立つ以外、誰にも証言を依頼しなかった。法廷で読み上げられた長文の口供書では、戦争を自衛戦争として正当化することに多くを費やした。自衛戦争という論理の当否は別として、それまで被告の多くが自らの個人弁護に終始しがちであったのに対し、東条の場合は、国家としての立場の弁護で一貫していることが注目された。首席検事キーナンによる尋問と応答でも、軍配は東条のほうに上がるとの印象が強かった。日本国民の一部に東条見直しの声が出てきたことに、連合国の裁判関係者は当惑したという（日暮吉延『東京裁判の国際関係』木鐸社、二〇〇二年）。

天皇の「戦争責任」問題についても、東条は自らの役割をきちんと果たした。責任はすべて自分で負い、「悪者」とされることは覚悟の上であった。開戦決定についても、戦争指導にあたっても、東条は天皇の信頼と期待に応えることができなかった。だが、東京裁判ではあえて「悪者」に徹し、甘んじてスケープゴートを引き受けることによって、天皇の信頼に応えることができたと言えよう。東条は「悪魔の息子」の役を演じきったのである。

第四章　近衛文麿

第2次内閣発足（1940年7月、朝日新聞社／時事通信フォト）

一八九一（明治二十四）年、公爵近衛篤麿の長男として東京に生まれる。京都帝国大学卒業後、第一次世界大戦の講和会議への全権大使西園寺公望の随員として渡欧。一九三三年貴族院議長。三七年、第一次近衛内閣を組閣。四〇年に第二次、四一年に第三次内閣を組閣。敗戦後、連合国軍総司令部から戦争犯罪人に指名され、出頭日の十二月十六日早朝、自決。

昭和戦前期最長の首相在任

近衛文麿は戦前期に三度首相の印綬を帯びた。一九三七（昭和十二）年六月から三九年一月まで（第一次内閣）と、四〇年七月から四一年七月まで（第二次内閣）と引き続き同年十月まで（第三次内閣）である。合計およそ二年十ヵ月、決して短い在任期間ではない。昭和の戦前・戦中期では、合計すると近衛は最も長く首相を務めたことになる（近衛にわずかに及ばないのが東条だが、彼の首相在任に中断はない）。この点で、昭和の指導者として、近衛を外すわけにはゆかない。

その長い在任期間の間に、近衛は支那事変（日中戦争）を拡大し、北部仏印進駐を決定し、日独伊三国同盟と日ソ中立条約を締結し、南部仏印進駐を決定した。いずれも戦前期の日本の対外行動で、重要な節目となった出来事である。近衛の「戦争責任」を問う声が今でも強いのは、こうした事実に基づいている。この点でも、近衛を取り上げる理由は大きい。

私事にわたるが、私の学位論文のタイトルは「支那事変和平工作史研究」である（論文は『ピースフィーラー——支那事変和平工作の群像』として一九九一年に論創社から上梓した）。扱った時期は、ちょうど第一次近衛内閣期にあたる。その点からすれば、私の研究は、近衛内閣が支那事変をどのようにして解決しようとしたかを対象としたものであったと言ってもよいだろう。以下では、首相近衛がどのようにして事変の処理を誤って拡大させてしまったのか、また拡大後の事変をどのようにして解決しようとしたのかを考察し、それを通して指導者としての近衛の実像をとらえてみよう。

青年貴族

まず近衛の経歴を簡単に振り返っておこう。近衛文麿は一八九一（明治二十四）年十月、公爵近衛篤麿の長男として生まれた。だが、母衍子《さわこ》は産褥熱のため間もなく死去し、翌年父はその妹貞子と再婚した。母親が実母でないことを、文麿は少年時代まで知らなかったという。父篤麿は将来を嘱望された貴族政治家だったが、一九〇四年、四〇歳を超えたばかりで亡くなってしまう。それまで父のところに集まっていた政治家たちは、彼が亡くなると、潮が引くように姿を消した。なかには手のひらを返すように態度を変え、強引に借金の返済を迫る、かつての支持者もあった。少年文麿は人間不信に陥ったという。

近衛家は五摂家筆頭、貴族のなかでも最高の家柄である。天皇家に最も近い貴族と言ってもよい。少年文麿はその近衛家の当主となり、襲爵する。京都帝国大学の学生時に二五歳に達した文麿は自動的に貴族院の世襲公爵議員となる。苦労せずに権力の一翼に列することができたことを、ここでは記憶にとどめておこう。

元老西園寺公望は近衛の将来性を高く買った。西園寺が全権を務めた第一次世界大戦後のパリ講和会議に、近衛を随員としてパリに連れてゆく。近衛は、その直前に「英米本位の平和主義を排す」という論文を書いて注目を集め、パリに赴く途中の上海では孫文と会見した。講和会議の終了後アメリカを回って帰国した近衛は、『戦後欧米見聞録』（外交時報社出版部、一九二〇年〔近衛文麿『最後の御前会議／戦後欧米見聞録――近衛文麿手記集成』中公文庫、二〇一五年〕に収録）を書いて出版した。青年貴族の鋭い時代感覚を示す好著である。

その後、欧米に対抗する日中提携をめざした父の衣鉢を継いで、近衛は東亜同文書院の院長となり、貴族院でも改革派の議員として活躍した。一九三一（昭和六）年には貴族院副議長に就任、三三年には議長となる。有望かつ有力な貴族政治家であり、首相候補の一人でもあった。

二・二六事件の後の一九三六年三月、元老西園寺は近衛を首相に推挙した。組閣の大命を受けた近衛は、しかし、これを拝辞した。健康に自信がないというのが拝辞の理由とされたが、真の理由は分からない。近衛に近かった陸軍の皇道派が二・二六事件によって失脚したことが拝辞の理由だという穿《うが》った説もある。

それから一年三ヵ月経って、陸軍が後ろ盾となった林銑十郎内閣が瓦解し、その後任としてあらためて近衛に組閣の大命が降ると、もはや拝辞することは許されなかった。政治家はふつう、首相になりたくてなるものだろう。しかし近衛は違った。なりたくなくても、首相の座と権力が提供されたのである。

華北出兵

近衛内閣が登場してからほぼ一ヵ月後の一九三七年七月七日夜、盧溝橋事件が発生する。日本の敗戦まで八年以上も続いた支那事変の始まりであった。だが、日中両軍の間に本格的な戦闘が始まるのは七月二十八日で、盧溝橋事件から約三週間を経過した後である。したがって、その間、本格的な戦闘にエスカレートすることにストップをかける可能性がなかったわけではない。実際、陸軍は二度、日本本土から三個師団の動員・派兵を決めながら、二度それを中止し、三度目の決定で本格的戦闘に訴えた。

盧溝橋事件の報を受けたとき、近衛は「まさか、陸軍の計画的行動ではなかろうな」と語ったという（風見章『近衛内閣』中公文庫、一九八二年）。満洲事変の発端となった柳条湖事件が関東軍の謀略だったことが、頭の中をよぎったのだろう。では、近衛は、陸軍の謀略かもしれないと思った盧溝橋事件を、満洲事変の二の舞としないための行動をとったのだろうか。

問題は七月十一日の動きである。その経緯は、内閣書記官長の風見章の手記（北河賢三ほか編『風見章日記・関係資料』みすず書房、二〇〇八年）に詳しく書かれているので、それを要約して紹介してみよう。

前日の十日夜半、風見は同郷で旧知の陸軍省軍務課長柴山兼四郎から、蔣介石が中央軍を北上させ容易ならぬ事態となったことを聞き、すぐ近衛に報告した。外務省に確認のために電話すると、この日は土曜日ということもあって、午後から次官が幹部を連れて箱根に休養に行っており、連絡が取れなかった。鵠沼の自宅に帰っていた広田弘毅外相と連絡が取れたときは、午前零時を回っていた。七月七日以降このあたりまでは、当事者たちもそれほど大ごとになるとは思っていなかったことがよく分かる。

翌十一日（日曜日）午前十一時に首相、外相、蔵相、陸相、海相の会合で、陸相の提案による派兵が承認された。午後二時臨時閣議が開かれて派兵が決定され、同日夕刻、政府は事変を「北支事変」と命名し、「今次事件ハ全ク支那側ノ計画的武力抗日ナルコト最早《もはや》疑ノ余地ナシ」とする政府声明を発表した。

さらに夜の九時に政界代表を、十時に財界代表を、十一時に言論界の代表を首相官邸に招き、政界と財界の代表には近衛から、言論界の代表には風見から、それぞれ政府への支持・協力を要請した。挙国一致の姿勢を示したのである。

各界代表を招致して協力を要請するというのは風見の発案であった。いかにもジャーナリスト出身の風見らしいアイデアと言えようか。風見によれば、無責任な強硬論が擡頭し世論を煽ることを防止するため、その「先手」を打って政府の方針を明らかにし、支持を確約させ、いわば「白紙委任状」を手に入れようとしたのだという。

だが、効果はまったく逆であった。世論はむしろ、こうした動きによって強硬論の方向に煽られたように思われる。農相の有馬頼寧はこの日の日記に次のように書いている。

総理が最近軍部にひきづられる傾向甚しく、外務も大蔵も如何ともし難い。日本の将来が軍にあやまられることがなければ幸福である。此位やるなら寧ろ軍自身がやつた方がよい。〔中略〕近衛君は本年中にやめる方がよい。

（尚友倶楽部／伊藤隆編『有馬頼寧日記』第三巻、山川出版社、二〇〇〇年）

出兵決定後、現地では停戦協定が成立し、十三日に陸軍は満洲と朝鮮からの兵力派遣を除き、内地からの派兵を保留することとなった。二十日に現地での衝突が伝えられ再び派兵が決定されるが、このときも現地から派兵の必要なしとの判断が報告され、出兵保留となった。しかし、二十五日、二十六日と現地での衝突が相次ぎ、二十七日に三度目の出兵決定がなされ、前述したように二十八日の武力発動となったのである。

この間、近衛は何をしていたのか。強硬論を抑制するとか、派兵を中止させるとか、そうした方向に積極的に動いた形跡はない。もちろん強硬論を煽ったわけではないし、派兵をリードしたわけでもないのだが。

密使派遣

日本は、挙国一致の姿勢で中国を心理的に威圧しようとした。二度目の出兵決定のとき、米内光政海相は、出兵は軍事的要求が半分、「ジェスチャー」が半分だと述べている（軍令部第一部甲部員『支那事変処理』防衛研究所蔵）。出兵にも心理的威圧のねらいがあったのである。出兵の構えを示し心理的に威圧すれば、中国は屈服するはずだ、という思い込みや楽観的判断が流れていた。近衛もその例外ではなかった。

もちろん威圧だけで紛争解決を図ることは難しかった。軍事的・心理的に威圧しながら、何らかのかたちで和平解決の糸口を見つけなければならなかった。七月十二日、参謀本部第一（作戦）部長の石原莞爾は風見に電話をかけ、近衛首相が南京に乗り込み蔣介石と直接談判して事変を解決してほしい、と言ってきた。これを風見が近衛に伝えると、近衛は病臥中であったにもかかわらず、医者と看護婦を同行させてでも、行ってみようと答えた。

だが、風見は反対する。蔣介石が中国軍を完全に統制しているかどうか疑わしかった。日本陸軍の統制も信頼できなかった。そうした状況で直接談判がうまくゆく保証はない、というのが風見の判断であった。近衛は風見の判断を受け入れ、外相を南京に送るのはどうか、ということになった。この件について近衛は陸相と海相の同意を得、広田外相に打診した。しかし、広田は言を左右にして諾否を言わなかった。理由も述べなかったという（前掲『風見章日記・関係資料』）。こうして南京乗り込み案は立ち消えとなる。

一方、近衛周辺では、密使を中国に派遣し、和平の糸口を探ろうという動きもいくつか潜行していた。その一つに宮崎竜介（宮崎滔天の長男、元社会大衆党中央委員）派遣構想がある。これは、近衛と秋山定輔（元二六新聞社長）の協議から生まれた構想で、一九三五年ごろ、中国の大使館筋から近衛に対し、今後の日中間の連絡役として宮崎と秋山を推薦してきたことに基づいていた。七月二十三日宮崎は東京を出発したが、神戸で憲兵にスパイ容疑で捕まってしまう。事前の中国側との連絡がキャッチされていたのだろう。

注目されるのは、それから一年後のことである。翌年十月、近衛は、宮崎という人物に最近初めて会ったと語っている（原田熊雄述『西園寺公と政局』第七巻、岩波書店、一九五二年）。つまり、近衛は会ったこともない人物を密使に起用したのである。おそらく秋山のアイデアに乗ったのだろうが、それにしても理解しがたい人物起用法であった。

風見の内閣書記官長起用にも似たところがある。風見によれば、それまで近衛とは一回しか会ったことがなかったという。書記官長と言えば現在の内閣官房長官に相当し、首相の女房役である。にもかかわらず、近衛は一回しか会ったことがないジャーナリスト出身の政治家を、女房役に据えた。

後に板垣征四郎を陸相に起用したことにも同じような傾向が見られよう。近衛の癖のようなものなのだろう。新しもの好きで、側近あたりから推挙されると、よく知らなくても使ってみたくなる。いかにも貴族的と言えるかもしれない。あるいは人間不信の反面なのかもしれない。新鮮な人材の登用ともなり得たが、しばしば使い捨てにもなった。

全面戦争

一九三七年八月、戦火は上海に飛び火した（第二次上海事変）。陸戦隊だけでは中国軍に対抗できなかった海軍の要請により、日本から陸軍部隊が派遣された。日中間の軍事紛争は、事変とは名ばかりの、事実上の戦争となった。そのころ、新聞記者のインタヴューに近衛は、華北の特殊化が絶対に必要であり、中国分割もないとは限らない、と述べたという。この新聞記事を日記に記した外務省東亜局長の石射猪太郎は、次のように近衛を批判している。

彼はダンダン箔《はく》が剝《は》げて来つゝある。

門地以外に取柄の無い男である。日本は今度こそ真に非常になつて来たのに、コンな男を首相に仰ぐなんて、よくよく廻り合せが悪いと云ふべきだ。之に従ふ閣僚なるものは何れも弱卒、禍《わざわい》なる哉《かな》、日本。（伊藤隆／劉傑編『石射猪太郎日記』中央公論社、一九九三年）

石射の日記での人物批評はかなり辛口なので、少し割り引いて受け取ったほうがいいかもしれない。後には近衛を「中身の無いテンプラ」とも評している。上司の広田外相に対する同じころの石射日記の批判も、以下のようにかなり手きびしい。

広田外相は時局に対する定見も政策もなく、全く其日《そのひ》暮し、イクラ策を説いても、それが自分の責任になり相《そう》だとなるとニゲを張る。

頭がよくてズルク立まわると云ふ事以外にメリットを見出し得ない。それが国士型に見られて居るのは不思議だ。

やや悪意がにじんだ批判のようにも感じられるが、南京乗り込み案を有耶無耶にしてしまった広田の態度を見ると、石射の批判もむべなるかな、と思わされてしまう。

こうした首相と外相が舵をとる（あるいはとらない）なかで、日本は全面戦争化した事変の収拾を図らなければならなかった。しかし、華北の要地攻略には容易に成功したものの、上海戦線では苦戦が続いた。ドイツ軍事顧問団の勧告に基づきクリーク網を巧みに利用した中国軍の防禦陣地をなかなか抜くことができなかった。中国軍は、蔣介石直系の中央軍だけでなく、軍閥系の軍隊でも戦意が高かった。日本は政府も軍も、中国の抗日戦力をそれほど軽視してはいなかったかもしれない。軽視していたのは、中国の抗日意識であった。

和平をめぐる論争

十一月初旬、泥沼に陥っていた上海戦線がようやく膠着状態から脱する。新たに編成された第十軍が杭州湾上陸に成功し、上海戦線の側面を脅かしたため中国軍が一斉に退却を始めたのである。上海戦線での苦戦からの反動も手伝って、日本軍は奔馬のような勢いで追撃し、南京攻略に向かってゆく。陸軍中央は現地軍の手綱を引き締めるため大本営を設置するが、効果はなかった。

一方、戦局の変化により、日中間に和平の動きが出てくる。ドイツの和平仲介工作（中国駐在ドイツ大使の名前をとってトラウトマン工作と呼ばれる）が本格化するのである。トラウトマンの申し出を最初は断った蔣介石は、十二月に入って、ドイツの仲介に応じる意向を示す。ところが、日本はトラウトマンを通じて中国側に伝えていた（蔣介石がドイツの仲介を受け入れる前提とした）和平条件を変更してしまう。その背後には、戦局の好転があった。大本営設置と同時に設けられた大本営政府連絡会議（以下、連絡会議と略記する）が和平問題を協議したのは十二月十三日が最初である。この日は、和平交渉の必要性について原則的な合意が形成されたが、和平条件についての協議はなされなかった。そしてこの日、南京が陥落した。

翌十四日には、華北に中華民国臨時政府が成立した。この日、連絡会議では和平条件の協議がなされるが、敵国首都の陥落と、国民政府に代わる新政権の成立という状況の下で、その協議が行われたことに注意すべきだろう。協議の模様は風見書記官長の手記が次のように伝えている。

連絡会議は午後三時半ころから始まり、陸海外三省の事務当局で作成された原案について協議が進められた。首相はほとんど口を開かず、陸海外三相が各々意見を述べただけで、六時ころには一部の字句の修正を加えてまとまりそうになった。そのとき、この日に内相に就任したばかりの末次信正が、こんな条件で国民は納得するだろうか、と発言した。近衛首相は初めて口を開き、この条件で和平することが国家のために最善だとすれば、どんな反対や不満があろうとも断行しなければならない、と述べた。末次の発言をたしなめたわけである。

次いで、風見が発言する。この条件で和平が成立する可能性はどのくらいあるのか、と。米内海相は、可能性は二、三割程度しかないだろうが、華北の新政権成立により、もっと可能性は低くなったと考えざるを得ない、と述べた。広田外相も可能性が低いことを認めた。杉山(元《はじめ》)陸相は、しばらく考え込んだ挙句《あげく》、四、五割はあるんじゃないかと自信なさそうに言うだけだった。結局、原案をあらためて練り直すことで会議は終了した。

十五日にも連絡会議が開かれ、和平条件は一部修正された。修正は、国民を納得させる方向になされた。つまり和平条件は加重されたのである。ところが、それでも和平条件は軽いと批判された。有馬農相の日記によれば、十七日の定例閣議に、連絡会議で修正された和平条件案が提出されると、「論議多く、文相〔木戸幸一〕、拓相〔大谷尊由〕、逓相〔永井柳太郎〕、鉄相〔中島知久平〕等強く反対し、議纏《まと》まらず」という状況になった。連絡会議案は軟弱だとされたのである(「大本営陸軍参謀部第二課〈第一班〉機密作戦日誌」近代外交史研究会編『変動期の日本外交と軍事』〔原書房、一九八七年〕所収)。

最終的に和平条件は二十一日の閣議で決定された。それは中国側が受け入れられるものではなかった。ドイツの仲介を一旦は認めた蔣介石は、その後日本の動きを見て再び和平に消極的になっていたが、最終的に日本から通告された和平条件を見て、これならば中国政府内の和平派でも受け入れることはできないだろう、と安心したという（楊天石「一九三七、中国軍対日作戦の第一年」波多野澄雄／戸部良一編『日中戦争の軍事的展開』慶應義塾大学出版会、二〇〇六年）。

蔣介石政権否認論

このころ、近衛は体調を崩していたようである。二十一日の閣議を含め、その後の年内の閣議は欠席している。ただし、その前後に発表された首相談話は、かなり強硬な内容であった。

十二月十四日、南京陥落に際しての首相談話は次のようなものである。

国民政府は外交的にも、実力行動に於ても、排日の極限を尽くした、しかも其結果に対しては責任をとらず、首都を棄て政府を分散し、今や一箇の地方軍閥に転落しつゝあるの今日、猶毫末《なおごうまつ》も反省の色なきこと明白なるに到りてはわれわれも考へ直す外はない、〔中略〕北京、天津、南京、上海の四大都市を放棄した国民政府なるものは実体なき影に等し

（『東京朝日新聞』十二月十五日付夕刊）

い。

翌年の年頭の首相談話は以下のように論じている。

南京陥落後の国民政府は長江の奥地に分散逃避し甘んじて共産党の傀儡となり、今や一箇の破壊的集団と化したるの観がある。最後まで、彼等の反省を期待した日本としては残念でもあるが、いつまでも支那人民の幸福を彼等の偏見の犠牲に放任して行くわけには行かない。

（情報局記者会編『日本の動きと政府声明』新興亜社、一九四二年）

近衛は和平推進の方向に動かなかった。南京陥落の後、日本国内には戦勝気分が横溢しており、近衛としてもそれに抗することは難しかったのだろう。和平条件がどんなに寛大でも、和を結ぶことが国家のために最善だとすれば、どんな反対や不満があろうとも断行しなければならない、という連絡会議での発言どおりには近衛は行動できなかった。

強硬だったのは、世論だけではない。末次内相の発言に示されているように、閣僚の間でも強硬論が横行していた。十二月十日に広田外相がそれまでのトラウトマン工作の経緯を閣議で報告したとき、拓相と文相は「蔣政権否認の意見」を述べたという（前掲『有馬頼寧日記』）。南京陥落の前日、近衛は周囲に次のように語っている。「もうとても自分には堪へられない。南京が陥落して蔣介石の政権が倒れる。で、日本は蔣政権を否認した声明を出すが、その時が、ちやうど自分の退き時だと思ふから、その時に辞めたい」と（原田熊雄述『西園寺公と政局』第六巻、岩波書店、一九五一年）。その後、近衛は辞意を撤回したが、和平にかける熱意が乏しかったのは否定すべくもないだろう。

蔣介石政権否認論が高まるなかで、和平工作は続けられたが、日本が最終的に提示した和平条件に中国側は諾否の回答を寄せず、期限切れ間近に伝えられた回答もきわめて曖昧であった。一九三八年一月十五日、連絡会議は和平工作を継続すべきかどうかをめぐって、終日協議を続けた。その協議の模様を参謀本部の「機密作戦日誌」から紹介しよう。

会議は午前九時半に始まり、広田外相がこれまでの経緯を説明し、中国側の回答には誠意が認められないと述べた。これに対して参謀次長の多田駿は執拗に和平交渉継続を訴え、中国側に誠意があるかないかの水掛け論となり、正午の休憩に入った。午後三時、会議が再開され、交渉を打ち切るかどうかをめぐって激しい論争が繰り広げられた。打ち切り論は広田外相、米内海相、そして杉山陸相であり、継続論を主張するのは多田次長だけであった。五時に再び休憩となり、休憩中に陸軍省側から多田に対して、このまま多田が了承しなければ、近衛内閣は総辞職し重大な政治危機をもたらすとの説得がなされた。この説得に屈した多田は、八時に再開された会議で、交渉打ち切りに同意はしないが、あえて反対もしない、と譲歩したのである。

終日続いたこの日の連絡会議で、近衛首相の発言を記録したものは残されていない。おそらくは終始、議論を静観していたのだろう。軍国主義と呼ばれる時代にあって、和平を主張したのが参謀本部で、政府はそれに反対した、というのは皮肉な現象であった。ただし、蔣介石の態度を見れば、中国側が引き延ばしを図り、交渉打ち切りの責任を日本側に取らせようとしていたことはほぼ明らかなので、中国側に誠意は認められないとした広田外相の判断は正しかったのだろう。

それにしても、である。もっと別のやり方はなかったのだろうか。和平条件は、一月十一日に日露戦争以来初めての御前会議を開いて、そこで確定させてしまっており、当面再検討の余地はなくなっていた。連絡会議と閣議で和平交渉打ち切りを決定した日の翌日（一月十六日）、政府は「爾後《じご》国民政府ヲ対手《あいて》トセス」と声明し、以後の和平の扉を閉ざしてしまった。

「対手トセス」の意味

実は、「対手トセス」声明の本来の趣旨は、今回の和平交渉は打ち切るということであって、今後一切国民政府（蔣介石政権）と和平交渉は行わない、という意味ではなかった。「対手トセス」という外交用語としてはあまり前例のない曖昧な表現をあえて用いたのは、そのためだったという（「堀内謙介宣誓口供書」『極東国際軍事裁判速記録』第六巻、雄松堂、一九六八年）。

近衛も当初はそのように理解していたようである。政府声明の当日、近衛は老政客の小川平吉（元鉄相）と会い、大要次のような会話を交わしていた。

小川「今回の強硬声明の後に国民政府はあらためて和平交渉を求めてくるかもしれません。」

近衛「そうです。蔣介石が退いて、先方から和議の申し出があることも考えられます。国民政府を対手にしないと宣言してしまってから、またそれを対手とする、というのはどんなものでしょうか。」

小川「そんなことは何でもありません。」

近衛「そのときの「時勢」によるのでしょうね。」

小川「そのとおりです。」

（『小川平吉関係文書』第一巻、みすず書房、一九七三年）

しかし、近衛のこのような理解にもかかわらず、新聞や帝国議会では、声明の曖昧さを突かれて、政府首脳の答弁が強い意味を帯びてゆく。たとえば二日後の一月十八日、風見書記官長は政府声明を補足して次のように説明した。

爾後国民政府ヲ対手トセスト云フノハ同政府ノ否認ヨリモ強イモノデアル。〔中略〕今回ハ国際法上新例ヲ開イテ国民政府ヲ否認スルト共ニ之ヲ抹殺セントスルノテアル。

（赤松祐之『昭和十三年の国際情勢』国際協会、一九三九年）

近衛首相も、一月二十二日、議会答弁で以下のように述べている。

「国民政府を対手とせず」との意味は今後蔣介石を対手には一切国交調整の交渉はやらないといふ意味である、将来如何なることがあつても対手としないことを言明して置く、政府は蔣政権を対手としないのみならずこれを壊滅せしむべく軍事上その他あらゆる工作を現に進めてゐる

（『東京朝日新聞』一月二十三日付朝刊）

こうして、「曖昧さに妙味がある」（上村伸一『日本外交史20　日華事変（下）』鹿島研究所出版会、一九七一年）とされた「対手トセス」声明は、当初の思惑から離れて次第に強硬な意

味を帯び、国民政府を否認し、同政府との和平交渉はあり得ない、ということになってしまった。ちなみに、このあたりの事情を最もよく承知していたのは昭和天皇である。翌年、天皇は侍従武官長に就任したばかりの畑俊六に、「近衛声明中蔣を相手にせずといふことは頗《すこぶる》不明瞭にして強き意味にあらず。内は頗弱き意味なるも議会にて強き意味に変化したるものなり」と語っている（『続・現代史資料〈4〉陸軍　畑俊六日誌』みすず書房、一九八三年）。

陸相更迭

やがて近衛は、「対手トセス」声明の誤り、あるいはその後の強硬な意味付与の間違いに気づくことになる。そこで実施したのが、内閣の大改造であった。陸相を杉山元から板垣征四郎に、外相を広田弘毅から宇垣一成に、蔵相を賀屋興宣から池田成彬に代えたのである。最も注目されるのは陸相の交代である。風見によれば、改造の第一目標は陸相の更迭であった。

しかし、陸相の更迭にはきわめて高いハードルがあった。陸相の銓衡《せんこう》については、現陸相、参謀総長、教育総監という陸軍三長官の協議による、との慣例があったからである。このハードルをどのようにして近衛は乗り越えたのか、今もってよく分からない部分が多い。近衛が参謀総長の閑院宮載仁《ことひと》親王を動かしたという説もある。後任になぜ板垣征四郎を持ってきたのかも、考えれば、よく分からない。

近衛が杉山を嫌ったのは、事変の軍事的側面に関する情報を、杉山が内閣に対して充分に提供していないと考えたからであった。華北に臨時政府が擁立されたという事実も、閣僚たちは杉山からの連絡ではなく、新聞を読んで知ったという。官僚主義的で陸軍の立場に頑なに固執する杉山を近衛は嫌った。

後任に板垣を選んだのは、おそらく石原莞爾のグループに属する人物から助言があったからだろう。石原は事変当初、不拡大を唱え、上海事変での陸軍派遣に反対し、戦面不拡大の方針から離れようとしなかった。そのため兵力の逐次投入の責任を問われて参謀本部を追われたが、そうした経緯から石原は不拡大派＝和平派と見られ、満洲事変で石原とコンビを組んだ板垣も和平派に属すると期待された。多田参謀次長も板垣後任に賛成した。

そのころ、板垣は第五師団長として戦地にいたので、彼の就任承諾を極秘裡に取り付け、ひそかに陸軍内の根回しを進めなければならなかった。近衛から相談を受けた風見は、板垣に連絡する密使として古野伊之助（同盟通信編輯局長）を起用し、板垣の承諾を得ることに成功する。見事な連携プレーであり、準備工作であった。

歴代の首相のなかで、自らのイニシアティヴによって陸相を更迭した例はあっただろうか。少なくとも、昭和に入ってからは例がなかった。陸相を途中で替えることはそれほどの難事であったはずだが、近衛はそれをやってのけたのである。ここには、一般に「弱い」というイメージで見られがちな近衛とは、かなり違った近衛像が浮かび上がってくる。近衛は弱かったわけではない。したたかに術策を弄する政治家でもあった。

五月下旬から六月上旬にかけて内閣大改造をなしとげると、近衛は五相会議を設置し、これを戦時内閣的に位置づけ、「事変処理」政策をここで決定してゆく。「事変処理」つまり事実上の戦争指導は、五相会議によって実施されることになる。では、連絡会議はどうなっていたのか。実はこの年二月以降、連絡会議は開催されなくなっていた。連絡会議での、特に陸相と参謀次長との、きびしい意見の対立や激しい論争に近衛は辟易し、嫌気がさしていた。会議をリードするよりも、その会議を開かなくしてしまう、というのはいかにも近衛らしいと言えようか。あるいはいかにも日本的と言えるかもしれない。

五相会議のメンバーは、総理、外務、大蔵、陸軍、海軍の五人の大臣である。このうち外相、蔵相、陸相の三人は近衛が自ら選んだ新任者で、米内海相とは以前からそれなりに意思の疎通ができていた。しかも、ここには統帥部の代表が入っていない。つまり五相会議が「事変処理」＝戦争指導を担当し、大本営を作戦指導に専念させようとしたのである。したがって、この五相会議は近衛が思いどおりに指導力を振るえる場として設定されたことになろう。板垣陸相が期待に応えてくれるかどうかは未知数だったとしても。

宇垣外相との確執

では、事変解決に向けての戦争指導、とりわけ政治指導はどのように進められたのか。ここでのキーパーソンは宇垣外相である。宇垣によれば、彼は外相を引き受けるにあたり、「蔣政権を相手にせず云々に深く拘泥《こうでい》せず」という項目を含む入閣条件を提示した。近衛はこれを受け入れ、「対手トセス」声明は「余計なことを言つた」のだから取り消しても構わないが、「うまく取り消すやうに」と語ったという（角田順校訂『宇垣一成日記』2、みすず書房、一九七〇年）。

宇垣の外相就任後、香港で中村豊一総領事と中国側密使との和平接触が始まる。外務省では、東亜局長の石射が、国民政府を相手としなければ事変解決は実現しないことを論じ、そのためには政策の大転換によって国内に大きな波紋と抵抗が生じるだろうが、それを乗り切る「勇気」を持ってほしい、と新外相に訴えた。

宇垣は、蔣介石を下野させることで日本国民を納得させ、事実上、国民政府を相手にして事変解決をなしとげようとした。だが、中国側は蔣下野を受け入れようとはしなかった。一方、国内でも宇垣の和平工作に対する抵抗が強かった。陸軍では、蔣介石のライバルの汪精衛（汪兆銘）につながる和平ルートを開拓し、汪を中心に反蔣派を結集させ、その圧力で蔣を下野させるか、あるいは反蔣派を臨時首都重慶から離脱させ、国民政府を弱体化させようとする工作が進められた。

近衛は、例によって辞意を漏らし始める。九月初め、近衛は木戸幸一厚相に対し、南京攻略以来「常に事志と違ふ処《ところ》少からず、此上愈々《いよいよ》蔣を相手とすると云ふことにならば、其責任も重大なるを以て挂冠《けいかん》するの外なし〔中略〕最近宇垣方面より、首相の方針等につき悪声の伝へらるゝは、結局此の内閣を倒さんとの意図の下に行はるゝやにも推せらる」と語った（前掲『木戸幸一日記』下巻）。近衛や木戸には、宇垣が「対手トセス」声明を批判し、政権を奪おうとしているように見えたのである。

九月下旬、宇垣は突如、辞任する。理由はあまりはっきりしなかったが、おそらくは彼が進める和平工作が必ずしもうまくゆかなかったのと、近衛の支持を得られなくなったことが、辞任の理由の大きな部分を占めていたように思われる。突然何の前触れもなく辞任した宇垣に対しては、無責任であるとの批判が強かった。一方、元老西園寺は、「まあ、結局近衛が宇垣をいやになつたんだな」と、近衛が宇垣を辞任に追い込んだと言わんばかりの感想を述べたが（前掲『西園寺公と政局』第七巻）、案外これが真相に近かったのかもしれない。

近衛は十一月三日、東亜新秩序声明を発表し、「東亜ニ於ケル国際正義ノ確立、共同防共ノ達成、新文化ノ創造、経済結合ノ実現」を謳った。他方で彼は、陸軍で進められた汪精衛工作に乗った。この工作ならば、「対手トセス」との矛盾も小さかった。事変解決につながる可能性も高いと期待された。十二月下旬、汪精衛は重慶を離脱し、ハノイに到着した。ところが、これに呼応する声明を発表した後、近衛内閣は総辞職する。十一月下旬ごろから風見は辞表案文の作成を依頼されていたという。

枢密院議長に転じた近衛は、政策の継続性を示すため、後継の平沼騏一郎内閣に無任所の国務大臣として入閣した。だが、宇垣と同じく無責任の批判を免れることはできないだろう。少なくとも、汪精衛からすれば背信行為に見えたにちがいない。

責任感覚

近衛が首相となったとき、彼はまだ四五歳の若さであった。その若さと、日本人離れした長身のカッコ良さと、五摂家筆頭という高貴さとによって、近衛は国民に清新なイメージを与え、抜群の人気を誇った。若さは未熟さにも通じていたかもしれない。事変拡大と、和平をめぐる言動には、それが露呈されたのかもしれない。

前述したように、近衛は苦労して権力を手に入れたわけではなかった。苦労して手に入れたならば、権力を握った自覚と、それに伴う責任感覚と、人によってはできるだけ長く持ち続けたいという執着が生まれる。しかし、近衛の場合には、どれもはなはだ希薄であった。

権力を握った自覚も、責任感覚も、権力への執着も、近衛に皆無だったわけではない。しかし、それがきわめて希薄だったことが、彼の政治指導に一貫している特徴であった。

総辞職から一年半後に再び首相の印綬を帯びたとき、近衛は当然、第一次内閣時の経験を生かそうとした。経験が生かされたケースも少なくなかった。だが、彼の政治指導の本質的な部分は、それほど大きく変わらなかったように思われる。北部仏印進駐、日独伊三国同盟、南部仏印進駐、そして日米戦争回避をめざした日米交渉の挫折、こうした節々での近衛首相の振る舞いに、それがはしなくも露呈されている。

＊

近衛は、きっと貴族特有の気品を持った人物であり、そこが多くの人を魅了したのだろう。そうした気品に加えて、先に紹介した『戦後欧米見聞録』を読むと、まだ二十代の青年が書いたとは思われない観察力と洞察力と表現力に強く印象づけられる。あるいは政治家とならず言論人になったなら、相当の力を発揮したのではないだろうか。父親の跡を継いで政治家となることを半ば運命づけられていたことが、近衛の悲劇であった。石射猪太郎流に言えば、そのような近衛を指導者に持たざるを得なかったことは、日本にとっての悲劇であった。

第五章　浜口雄幸

演説を録音機に吹き込む（1930年2月、共同通信社）

一八七〇（明治三）年高知生まれ。帝国大学法科政治学科卒業後、大蔵省入省。逓信次官、大蔵次官などを務める。一九一五年立憲同志会入党、衆議院議員に当選し、大蔵大臣、内務大臣などを歴任し、二九年内閣総理大臣となる。金解禁や緊縮政策を行い、また野党の反対を押し切り、ロンドン海軍軍縮条約を結ぶ。三〇年十一月、東京駅で狙撃され、一命を取り留めるも、翌年辞任後、八月に歿する。

暗殺

戦前の政治指導者のなかで、特にすぐれた人物をあげよ、と問われたとき、私は大久保利通、原敬、浜口雄幸の三人をあげることにしている。もう一人加えるならば、伊藤博文あたりだろうか。でも、大久保や原がすぐれた指導者であったことには、多くの人がうなずいてくれるだろうが、浜口はどこがすぐれていたのか、と問われると、返答に窮してしまう。

浜口が首相を務めていたとき、政府は長年の懸案であった金解禁を断行したが、「台風来襲時に雨戸を開けた」と評されるそのタイミングの悪さから、日本経済に甚大なダメージを与えた。また浜口内閣は、ロンドン海軍軍縮条約をめぐって政治的混乱を引き起こし、「統帥権干犯」と激しく批判された。そうした「失政」を批判する声に惑わされて、右翼青年、佐郷屋留雄は東京駅頭で浜口を狙撃し、その傷がもとで浜口は亡くなってしまう。

私の学生時代、猪木正道先生は日本政治外交史の講義のなかで、すぐれた政治指導者は暗殺される、という奇妙な説を述べたことがある。たしかに大久保、原は暗殺された。伊藤は、やや異なる文脈だが、朝鮮人テロリストに暗殺された。浜口の場合も、実質的に暗殺に等しい。私があげたすぐれた指導者は、こうした猪木説の受け売りである。

指導者としてすぐれていることと暗殺されることとの間には、おそらく何の相関関係もないだろう。ただし、そのリーダーシップのスタイルと暗殺との間には、何らかの関係があるように思われる。たとえば、大久保、原、浜口に共通しているのは、指導者としての「剛直さ」である。剛直であるがゆえに、通常の手段をもってしては、その政治指導や政策に修正や変更を求めることが至難と考えられた。戦前の政治史のなかで、何らかの使命感に強く支えられた、このような剛直さを持つ政治家は、あまり見当たらない。大久保、原、浜口の三人をすぐれた指導者とする理由の一部は、この点に存する。

「雲くさい」男

すでに結論めいたことを述べてしまったが、まずは浜口の経歴を簡単に振り返っておこう。浜口は一八七〇（明治三）年四月、高知県の山林官、水口胤平と繁子の間に生まれた。男児が続いて女の子が欲しかった両親は、三男を「雄幸《おさち》」と名付けたのだという。

小学校から生まじめで努力家、成績抜群で、高知中学を経て大阪の第三高等中学校（のち京都に移り第三高等学校となる）に進学した。その間、彼の性格と将来性を見込んで、高知県の豪家、浜口家が婿養子に迎えた。東京の帝国大学法科大学に進んだ彼の学資は、浜口家によって支えられたと言えよう。将来を嘱望される有為の青少年に、養子縁組や旧藩単位の奨学金で高等教育を受けさせるのは、当時のエリート養成システムのなかで、無視できない重要な部分を占めていたと考えられる。

中学時代、ある教師は浜口を「雲くさい」と評したという（城山三郎『男子の本懐』新潮文庫、一九八三年）。どんな意味なのか、はっきりとは分からないが、おそらくは周囲に付和雷同せず、かといって孤高を保つわけでもない、あるいは協調性がないわけでもない、ちょっと変わった生徒だったのだろう。仲間と一緒にいながら自分を押し出さず、しかし言うべきときにはきちんと言うべきことを言う、というタイプだったのかもしれない。ふつうはあまり存在感を感じさせないが、いつでもちゃんと、そこにいる、というのが「雲」くさかったのか。

一八九五年、浜口は帝大を卒業する。この年の法科卒業生は逸材が揃っていたとされる。伊沢多喜男（のち台湾総督）、小野塚喜平次（のち東大総長）、上山満之進（のち台湾総督）、幣原喜重郎（のち外相・首相）、下岡忠治（のち衆議院議員）、勝田主計（のち蔵相・文相）、俵孫一（のち衆議院議員・商工相）、土方久徴《ひさあきら》（のち日銀総裁）。錚々たる人々である。この時期のエリート候補生が、いかに狭い世界に棲んでいたのかをよく示している。

同年、浜口は大蔵省に入った。当時、国家を牽引する官庁は内務省であり、大蔵省が内務省と並び立つようになるのは、もう少しあとである。国家の経綸にとって財政が最も重要であると判断した浜口には先見の明があったと言えるかもしれない。しかし入省後、上司と衝突し、そのためかポストに恵まれず、地方勤務が続いた。「不遇」にありながら、彼は相変わらず精勤し、「勉強」を怠らなかった。まじめを絵に描いたような官吏生活である。一九〇四年、ようやく本省に戻って煙草専売局勤務となり、一九〇七年に専売局長官となった。入省直後の数年を別とすれば、地方で税務を担当し、本省では専売局勤務だけであった。大蔵省主流の主計局や主税局とは縁がなかった。

専売局勤務のとき、その仕事ぶりを評価した満鉄総裁の後藤新平が浜口を満鉄理事に誘ったという。しかし浜口は、手がけていた仕事の決着がまだついていない、という理由で、給与が大幅アップするはずの満鉄理事就任を断った。一九〇八年、後藤は第二次桂（太郎）内閣の逓信大臣となり、浜口に今度は逓信次官就任を求めたが、このときも浜口は断った。一九一二（大正元）年、第三次桂内閣の逓相に復帰した後藤は、浜口に再び次官就任を要請した。ついに浜口はこれを受け入れ逓信次官となったが、桂内閣は憲政擁護運動によって、わずか二ヵ月で総辞職、浜口は一七年あまりの官僚生活を離れることになる。四三歳であった。

浪人生活に入った浜口は、一九一三年に立憲同志会に入党し、政党政治家の道を歩み始める。そもそも同志会は、桂太郎が政友会に対抗する政党として結成しようとしたものであった。長州閥の系譜に立つ軍人政治家の桂ですら、政党を基盤にしなければ政権を獲得し維持してゆくことができない、と考える時代に入ったのである。桂に協力する後藤は、浜口に入党を勧誘し、浜口もこれに応じた。しかし、新党結成前に桂は急逝し、桂亡きあとの新党結成をめぐる勢力争いから後藤は党を離脱する。後藤の勧誘と後援とによって政党政治家の道を選んだ浜口は、後藤の離脱で去就に迷ったはずだが、新党に踏み止まる決断を下す。このあたりの身の処し方は、私情に溺れず、個人的事情に左右されない、いかにも浜口らしいものであったと言えよう。

ただ、なぜ彼が政治家の道に転身したのか、そこがよく分からない。自由民権運動以来の土佐の風土と政治文化のため、というのはやや説得力に欠ける。後藤新平との縁による、というのも理由のすべてを言い尽くしているとは思えない。「雲くさい」男が、なぜ「泥くさい」、きわめて現世的な政治の世界に踏み込もうとしたのか。

すでに専売局長官や逓信次官として浜口は政治の世界と接触する機会を持っていたにちがいない。その体験から、官僚としての限界を感じていたのだろうか。あるいは国家経綸という点で、官吏と政治家の使命には共通するところがあったから、政治家への転身にはそれほど矛盾を感じなかったのかもしれない。いずれにしても、彼の人生にとって大きな転換であったにもかかわらず、浜口の自伝（浜口雄幸『随感録』講談社学術文庫、二〇一一年）はこの点についてあまり多くを語ってはくれない。

浜口内閣

一九一四年、同志会を与党とする大隈内閣の成立により、浜口は蔵相若槻礼次郎のもとで大蔵次官に就任（このころは特別任用により官吏でなくても事務次官になれた）、翌年の総選挙には故郷から立候補して見事、初当選した。しかし、大隈内閣が総辞職し、寺内内閣のもとで行われた総選挙では落選してしまう。落選しても浜口は、事務員のバッジを付けて帝国議会の審議を傍聴し、党本部（同志会の後継、憲政会）に通って党務に励んだ。もともと訥弁《とつべん》で声も低かったが、努めて地方遊説に出かけ、演説を自家薬籠中のものとする。ここでも浜口はまじめ一徹であったと言えよう。

浜口は一九一九年の補欠選挙で返り咲きを果たしたが、憲政会は政権から遠ざかるばかりであった。いわゆる「苦節十年」の時期である。憲政会が政権を獲得するのは、一九二四年、第二次憲政擁護運動で党首加藤高明を首相とする護憲三派内閣が成立したときであった。浜口は五四歳で同内閣の大蔵大臣に就任する。護憲三派が分裂して、憲政会単独の第二次加藤内閣にも留任、加藤が病死して若槻礼次郎が後継内閣をつくると、その数ヵ月後に浜口は内務大臣に転じた。蔵相と内相という最重要の閣僚ポストをこなし、若槻の後継者としての地位を確固たるものとするのである。

一九二七（昭和二）年、若槻内閣は金融恐慌のあおりを食って総辞職、政権は政友会に移った。憲政会は政友本党と合同して民政党を結成、浜口はその総裁に就任する。そしてそのほぼ二年後、田中義一政友会内閣総辞職のあとを受けて、浜口に組閣の大命が降下、ついに総理大臣となった。ときに浜口五九歳、初めての明治生まれの首相であった。原敬以来、衆議院に議席を有する二人目の首相でもあった。

一九二九年七月に成立した浜口内閣は純然たる政党内閣だが、軍部大臣を除く一一人の国務大臣のうち、四人が貴族院議員であった。その四人のなかに外相幣原喜重郎、蔵相井上準之助という主要閣僚が含まれていることが注目されよう。一一人中、首相浜口を含む五人が官僚出身である。

浜口内閣は成立すると間もなく「十大政綱」を発表する。そのなかには「軍縮促進」「財政の整理緊縮」「非募債と減債」「金解禁断行」という項目が含まれており、これら四項目には、日本経済に関する浜口内閣の現状認識とその対策が、明確に示されていた。四項目では次のように述べている。日本経済は第一次世界大戦による戦時の好景気によって水膨れしたが、戦後の景気反動や関東大震災に見舞われても、その水膨れ体質は変わらなかった。この体質を改善し日本経済を健全にするには、膨張した国家財政を整理緊縮したうえで、財界には合理化を求め、国民には消費節約を促す必要がある。そのため政府としては、従来のような国債への依存を断ち切ってその償還を促進し、財政のムダを省いて緊縮予算を立てなければならない。国防に支障をきたさない範囲での軍縮は、財政の整理緊縮に大いに役立つ。さらに、金本位制への復帰（金解禁）は、国家財政の健全化と民間経済の建て直しのために絶対に必要な基本要件であり、またそのためにも、緊縮財政と財界の合理化が必要不可欠である、と。

「緊縮節約」は浜口内閣のキャッチフレーズであった。政府は、浜口首相の名による「全国民に訴ふ」というリーフレットを一三〇〇万枚印刷し配布した。浜口はこのリーフレットの内容をレコードにも吹き込んだ。さらに、数年前に始まったばかりのラジオ放送でも、浜口は国民に直接、緊縮節約を訴えた。JOAK（NHKの前身）は、「緊縮小唄」（西条八十作詞・中山晋平作曲）、「緊縮の歌」（堀内敬三作詞・山田耕作作曲）、新民謡「緊縮節」を発表し放送した（江藤淳『昭和の宰相たち Ⅲ』文藝春秋、一九八九年）。浜口内閣は、当時の最新の情報技術を活用し、普通選挙時代の国民に直接訴えたのである。

浜口は、その緊縮財政政策の実行を、井上蔵相に一任した。それまで井上は金解禁について慎重派だと見られていたが、浜口の金解禁断行方針に共鳴して蔵相に就任した。新蔵相は内閣成立後一ヵ月も経たない七月下旬、前内閣が編成した一九二九年度予算を五パーセントあまりもカットするという実行予算をまとめ上げた。さらに十月中旬、井上の提案を受けた浜口内閣は月給一〇〇円以上の官吏の俸給を一割カットする、との方針を打ち出した。ところが、発表まで極秘裡に進められた官吏減俸案は、きびしい抵抗に直面する。このため、減俸案はわずか一週間で撤回された。

のちに「暗黒の木曜日」と言われるようになるニューヨーク株式市場の大暴落が起こったのは、その数日後である。世界大恐慌の始まりであった。しかし、当時これが、とんでもない大恐慌の始まりだと気づいた者はほとんどいなかった。日本政府では、ニューヨークの株価の暴落によってアメリカの金利が下がり、株式市場の安定化に伴い、金解禁にとって都合のよい条件が出てきたと判断したのである。

金解禁

金本位制は第一次世界大戦前の国際経済システムの要であり、これを前提としてこそ国際経済システムが十全に機能する、と当時の「常識」は考えた。大戦中に列国は金の大量流出を恐れてその輸出を禁止し金本位制から一時的に離脱したが、大戦後は一九一九年アメリカの金解禁（金輸出禁止解除）をさきがけとして、金本位制への復帰が急がれた。ドイツ（一九二四年）、イギリス（一九二五年）、イタリア（一九二七年）、フランス（一九二八年）も金本位制に復帰した。主要列国のなかで金本位制に復帰していないのは、日本だけであった。

金解禁を実行するには、およそ二つの方法があった。旧平価によるものと、新平価によるものである。円が大幅に下落しているとき、旧平価で金解禁に踏み切るのは、きびしいデフレを招くことが必至であった。旧平価で金解禁を実施したイギリスが苦難に陥った状況を見て、イタリアやフランスは新平価による金解禁を実行していた。

浜口内閣は、円為替の上昇したころを見計らって、旧平価で金解禁を実行しようとする。それならば、金解禁に伴うデフレ効果を抑制できると判断したわけである。円為替安定化のために、米英の銀行団から一億円のクレジットを獲得することにも成功した。他方、新平価で金解禁を行う場合には貨幣法を改正しなければならなかったが、当時、帝国議会の議席配分は、与党民政党一七三に対して野党政友会二三七で、政友会が反対すれば、法改正は無理であった。

一九二九年十一月下旬、浜口は翌年一月からの金解禁を公布し、次のような声明を発表している（前掲『昭和の宰相たち Ⅲ』）。

「現内閣は金の輸出禁止を解き、これによつて財界の安定を計り、国民経済の建直しを行ふを以て、その重大なる使命」とし、「鋭意準備の歩を進め、極力財政を緊縮し、国債の整理を計るとともに、〔中略〕一般国民に対しては経済難局の実情を力説して、その自覚を促し、もつて消費節約の奨励に努めた」が、この方針は国民の理解と支持を受け、その効果が表れてきた。「特に貿易の入超は激減し、為替相場は漸騰し、物価は漸落の傾向を示す等、経済上諸般の状況は、解禁の実行にすこぶる有利に展開するにいたれり」。

浜口は楽観論だけを語ったのではない。金解禁は経済建て直しの第一歩にすぎないことを、次のように強く戒めている。

政府も国民もこれを以て能事了《おわ》れりとして、心を安んずべきにあらず。金の解禁は国民経済発展の行路に横たはれる第一の関門を突破し、わが国の経済をして、世界経済の常道に復帰せしめたるに過ぎず。〔中略〕政府は引続き緊縮の方針を以て、財政の基調となし、〔中略〕国力の培養に努むべく、国民もまた今日の緊張せる気分を失ふことなく、いよいよ勤倹力行の精神を発揮し、〔中略〕真剣なる努力を傾注せんことを望むものなり。

金解禁は、浜口にとって「世界経済の常道」に復帰するための当然の措置であった。そのため政府自ら行財政整理を断行し、国民に対して一時的にデフレという犠牲に耐えるよう求めた。彼の方策は、まさしく正攻法であった。言葉を飾って国民に過剰な期待を持たせるようなことはしなかった。金解禁は、あくまで第一関門を突破しただけだとし、国民にさらなる節約と「勤倹力行」を要請したのである。

今日から振り返れば、世界大恐慌の進行中に金解禁に踏み切ったのは、どのような観点から見ても、失策であったと言わざるを得ない。ただし前述したように、世界経済が歴史上未曽有の大恐慌に陥っていることに気づいた者は数少なかったのである。そうしたなかで浜口と井上は、教科書どおりの処方箋を書き、わき目もふらずに実行に向かって突き進んだ。

浜口は次のように言う。金解禁以前、通貨の自然的調節作用が失われていたため、物価が騰貴し、それゆえ輸入が超過して、日本経済は健全な発展を遂げることができなかった。しかし金解禁によって金本位制に復帰すれば、通貨の調節作用が十全に機能し、物価は下落して、それによって輸出が増加する、と。これが当時の常識であり、教科書どおりの考え方だったのである（江藤淳『昭和の宰相たち Ⅳ』文藝春秋、一九九〇年）。

ところが、金解禁によって実際には大量の金が国外に流出した。また輸出額は一九二九年度を一〇〇とすると、翌一九三〇年度は六八、一九三一年度は五三と半分近くに落ち込んだ。失業者も急増した。にもかかわらず、一九三〇年二月に行われた総選挙（二回目の普通選挙）

で民政党は二七三の議席を獲得し、解散前よりも一〇〇議席増やした。一方、政友会は二三七から一七四へと六〇議席あまり減らした。選挙は与党有利のかたちで実施されるとはいえ、また金解禁によるダメージがまだ痛切に感じられる段階には至っていなかったとはいえ、国民は浜口内閣の政策に対する支持を表明した。官吏減俸案の挫折でつまずきながら、「強く正しく明るき政治」をスローガンとした正攻法の浜口の政治姿勢は、多くの国民から好感をもって迎えられていた。

浜口や井上が当時の常識に基づき教科書どおりに実行したとしても、金解禁が失敗であったことは間違いない。そして政治は結果責任でしか評価されないのだから、彼らはその失政を批判されてしかるべきである。ただ私は、彼らが明確な意志と覚悟とをもって、愚直なほどの正攻法で金解禁を実施したことに、ある種の感動を覚える。日本の近現代史にしばしば見られる、いかにも曖昧な意思決定ではなかったからである。あるいは、本意ではないのに他から強いられた決定だったのだというような、やや卑怯な弁明を伴うものでもなかったからである。彼らは判断と処方箋を間違った。ただし、彼らは、それが間違いであるとするならば、その責任が自分たちのものであることを明確にしていた。

浜口や井上が、金解禁は失敗であった、と認めたわけではない。失敗と認める前に、二人とも「暗殺」された（井上は一九三二年二月、「血盟団」と呼ばれたグループの青年のテロによって暗殺された）。

金解禁の効果が試されつつあるなかで、浜口内閣は次の課題に取り組んだ。軍縮である。より正確には、一九二九（昭和四）年十月、イギリスから招請されたロンドン海軍軍縮会議への対応であった。一九二二（大正十一）年のワシントン海軍軍縮条約によって主力艦の制限がなされ、それまで大きく膨張した海軍費は減少したが、それでも一九二九年度の海軍費は政府歳出総額の一五・四パーセントを占め、陸軍費の一三・一パーセントを上回っていた。緊縮財政の見地から、軍縮は必要不可欠であった。

浜口は、海軍軍縮だけを進めようとしていたわけではない。いずれ陸軍にも軍縮を求めようとしていた。陸相に宇垣一成の再任を要請したのも、かつて宇垣がなしとげた軍縮の再現を期待したからであった。

他方、浜口は、海軍軍縮に関する陸軍の支持を固めるため、関東軍の軍人が絡んでいたはずの張作霖爆殺事件の真相を公表しなかった。宇垣陸相が重症の中耳炎のため職務を離れざるを得なかったときには、陸軍次官の阿部信行を国務大臣に任命して陸相代理とした。ロンドン海軍軍縮会議に際して海相の財部彪を全権として派遣し海相不在となったとき、浜口はワシントン会議のときの原敬にならって自ら海軍大臣事務管理（統帥事項を扱わないという条件での事実上の海相代理）となったにもかかわらず、この方式を陸軍には適用しなかったのである（小林道彦『政党内閣の崩壊と満州事変』ミネルヴァ書房、二〇一〇年）。それだけ、宇垣の支持を必要とし、彼の手腕に期待していたと言えよう。

ロンドン会議までの海軍軍縮の経緯を簡単に振り返っておこう。一九二二年のワシントン海軍軍縮条約では主力艦（戦艦と航空母艦）の保有比率が（米）五：（英）五：（日）三と定められ、日本は対米六割に甘んじる代償として、太平洋の防備制限という交換条件を得た。これによりアメリカはフィリピンとグァムという西太平洋での前進基地の防備を制限されることになった。事実上、日本は西太平洋の制海権を保証されたのである。

その後、海軍軍縮は補助艦が対象となり、一九二七年にジュネーヴで海軍軍縮会議が開催されたが、米英間の意見対立により成果をあげることができなかった。米英間の対立は、巡洋艦をめぐって生じている。アメリカは補助艦としての上限（排水量一万トン、備砲口径八インチ）いっぱいの大型巡洋艦（大巡）を、主力艦を補完するものとして重視したが、これに対してイギリスは植民地や自治領との連絡のため、軽巡洋艦（軽巡）を多数必要とした。このためイギリスは、巡洋艦を艦型に応じて大巡と軽巡に区分し、それぞれの艦型ごとに保有トン数を定めようと提案したが、アメリカは巡洋艦の艦型による区分に反対し、定められた保有総トン数の範囲内で、艦型は各国の自由に任せるべきだと主張した。アメリカ案による場合、軽巡を多数保有しなければならないイギリスは、大巡が少なくなり、主力艦補完の点で不利になるので、これを受け入れようとはしなかった。

こうした経緯を踏まえて、日本海軍は、ロンドン会議に臨む方針として次のような「三大原則」を定めた。①：大巡対米七割、②：潜水艦現状維持（約七万八〇〇〇トン）、③：①と②を充足したうえでの補助艦総括対米七割。太平洋を西に向かってくると想定されるアメリカ艦隊に対し、日本海軍が採用していたのは漸減邀撃《ようげき》戦略であった。つまり、渡洋途中のアメリカ艦隊を反復攻撃してその戦力を漸減し、ほぼ同等の戦力となったところで艦隊決戦を挑む、これが漸減邀撃戦略である。途中で敵艦隊の戦力を漸減するとしても、決戦で同等の戦力を持つためには、最低対米七割が必要とされた。特に、主力艦に準じる大巡の七割が重要とされた。また、途中の反復攻撃で敵戦力を三割程度漸減するためには、充分な数の潜水艦が求められた。「三大原則」はこのような論理に基づいていたのである。

浜口は、軍縮会議の首席全権に先輩の若槻礼次郎を起用した。元首相、民政党の重鎮であることに加え、あえてシヴィリアンを起用したところに浜口の意向が示されていた。ワシントン会議の首席全権は海相の加藤友三郎、ジュネーヴ会議の首席全権は斎藤実《まこと》（元海相、朝鮮総督）であり、軍縮会議でのシヴィリアンの首席全権は若槻が初めてであった。

ロンドンでの交渉は困難をきわめたが、最終的には次のような妥協案が成立した。大巡はアメリカ一八隻、日本一二隻。ただし、アメリカの一八隻のうち三隻については、一九三三年から毎年一隻ずつ起工し、次期軍縮会議が予定されている一九三五年まで完成しないので、日本はそれまで対米七割を確保できる。潜水艦は日米同量五万二七〇〇トン。対米総括六割九分七厘五毛。

対米総括六割九分七厘五毛はほとんど対米七割であった。それゆえ政府はこれで手を打とうとする。しかし、海軍からすれば、たとえこれを対米七割と認めたとしても、「三大原則」のうち①と②が充足されていなければならず、妥協案はこの二つの原則を充たしてはいないとされたのである。

一九三〇年三月、この妥協案による条約調印がロンドンの全権団から本国政府に請訓されたのち、軍縮条約をめぐる政治的な紛糾が始まるのだが、ここではその事実経過を詳しくフォローすることは止め、重要なポイントだけをピックアップすることにしよう。

まず、軍縮条約そのものについて、ワシントン条約が太平洋の防備制限という交換条件を備えていたのに対して、ロンドン条約にはそれに相当する対日交換条件がなかったことを指摘しておくべきだろう。大巡三隻の起工延期だけでは充分な交換条件となり得なかった。ジュネーヴ会議で対立した米英両国は、ロンドン会議の前に事前調整を図っており、そこで日本に譲歩を促すための交換条件を用意することもできたはずである。しかし、両国はそうしなかった。研究者の間では、日本にとって「三大原則」が充足されなくても条約を甘受できる交換条件がなかったことが、国内の政治的紛糾をもたらす一因になったのだ、という解釈もある（Emily O. Goldman, *Sunken Treaties: Naval Arms Control Between the Wars*, Pennsylvania State University Press, 1994)。

条約をめぐる紛糾

次に、浜口内閣および条約賛成派の対応の問題がある。浜口は、海軍大臣事務管理でありながら、海軍部内の意見調整を次官の山梨勝之進に一任した。海軍内部の協議に浜口が首を突っ込むことは、軍事への政府あるいはシヴィリアンの介入と見られて、かえって逆効果であっただろうから、山梨に一任したことは賢明な判断だったかもしれない。しかし、介入と見られない範囲で、何らかの意思の疎通は必要だったのではないだろうか。「三大原則」に依拠して強硬に米英との妥協案に反対する海軍軍令部との意思の疎通を欠いたことが、軍縮条約をめぐる紛糾の重大な一因となったことは否めない。

浜口の態度と並んでしばしば問題とされるのは、このときの侍従長鈴木貫太郎の行動である。鈴木は、ロンドンの最終妥協案を承認した閣議決定を天皇に上奏する浜口の前に、妥協案では国防に責任を持てないことを表明しようとした海軍軍令部長加藤寛治の上奏にストップをかけ、延期させた。鈴木は海軍の長老で加藤の前任者であった。鈴木は自分自身が軍縮条約に賛成であり、また天皇や元老が軍縮推進の意向であることを知っていたがゆえに、こうした行動に出たのだろう。だが、彼の行為は、政治的に中立であるべき侍従長の職分を超えていた。そして結果的には、政府や宮中の条約賛成派に対する海軍軍令部の不信感を必要以上に強めてしまったのである。

一方、このときの海軍軍令部が「三大原則」に固執し、あまりに頑なだったことも事実である。軍令部次長末次信正は新聞に強硬な妥協案反対論を発表するなど、政治的な動きにも傾きつつあった。また、軍令部は「三大原則」をいかにも軍事的合理性に基づいているように主張したが、そもそもその前提にある対米七割論にどれほどの合理的な軍事的根拠があったのか、疑問である。それを根拠に妥協案反対を言いつのる軍令部に対して、浜口は説得をあきらめたがゆえに、意思の疎通を欠くことになったのかもしれない。鈴木侍従長が職分を逸脱せざるを得なかったのも、軍令部の頑なさに対抗するためであったのだろう。

最後に、野党政友会が軍縮条約を政府批判の材料とし、「統帥権干犯」という文言を使って非難したことが問題とされよう。軍縮ないし軍備をめぐって政府と野党が論戦を行うのは政党政治の当然の姿である。軍縮条約が日本の国防を危険にする、という主張にとどまっていたなら、議論の中身の当否は別として、野党の政府批判として理解し得る範囲にあった。しかし問題は、政友会がこれを憲法論争としたことであった。軍令部の反対をしりぞけて兵力量を決定したのは統帥権干犯であるという政友会の主張は、政党政治の墓穴を掘る危険性があった。自党が政権を獲得し軍縮を手がけようとする場合、野党時代の主張が足かせとなり、統帥機関が反対すれば、軍縮を実行できなくなってしまうからである。

浜口は、野党の挑発に乗らず、憲法論争には一歩も踏み込まなかった。その姿勢は一貫しており、憲法論争とすべきではないという彼の判断は正しかった。絶対多数を有する与党民政党の力で、浜口は議会を乗り切ることができた。しかし、軍縮条約を成立させるためにはもうひとつ、枢密院というハードルがあった。天皇の諮詢《しじゅん》を受けて勅令や条約を審議する枢密院は、議長倉富勇三郎や副議長平沼騏一郎など、保守派の牙城であった。この問題の審査委員長に指名された伊東巳代治など、軍令部の条約反対論に同調的な枢密顧問官も少なくなかった。

しかも枢密院と民政党の間には遺恨がわだかまっていた。一九二七年、ときの若槻内閣は枢密院が台湾銀行救済緊急勅令案を否決したために総辞職に追い込まれたが、その際に憲政会（民政党の前身）は衆議院で枢密院弾劾決議案を可決成立させたからである。枢密院は、ロンドン軍縮条約の批准に関する審議にあたって、しばしば浜口内閣に恫喝的な姿勢を示した。しかし、浜口は恫喝に動じず、一歩も退かなかった。一九三〇年四月下旬に調印されたロンドン海軍軍縮条約は、枢密院での審査・可決を経て、十月初旬、ようやく批准された。

条約調印まで、軍令部との意思の疎通が充分ではなかった点など、海軍軍縮に関する浜口の指導力に問題がなかったわけではない。だが、条約調印後、帝国議会でも枢密院でも、浜口の態度と主張は微動だにせず、断固としていた。見事な政治指導であったと言ってよい。ただ、その剛直な政治指導が、彼の暗殺（一九三〇年十一月）を招くことにはなってしまうのだが。

政党政治

日本近現代史には大きな謎がある。一八九〇（明治二十三）年に帝国議会が開設されて以来、国民の政治参加が拡大し、その意味で民主化が進展して一九二八（昭和三）年の普通選挙の実施というピークに達したと思われた直後、一九三一年の満洲事変に始まるいわゆる軍国主義の時代に入ってゆく。浜口内閣は、そのピーク時に成立し活動した政権であった。

近代日本の民主化の推移を簡単に振り返ってみよう。一八九〇年の第一回衆議院議員選挙（総選挙）では、前年に成立した衆議院議員選挙法により、直接国税一五円以上を納入した二五歳以上の男子が有権者で、約四五万人、全人口に占める比率はおよそ一パーセントであった。一九〇〇年に選挙法が改正され納税資格が一〇円以上に引き下げられた。これに基づく第七回総選挙は一九〇二年に行われ、有権者数は約九八万人、二倍となった。一九一九（大正八）年、原内閣のときにもう一度選挙法が改正され、納税資格が三円以上とさらに引き下げられ、これに基づく第一四回総選挙が一九二〇年に実施されたとき、有権者数は約三〇〇万人を数えている。三〇年間に有権者は六倍以上となった。実は日露戦争による増税の結果、選挙人資格以上の税金を納入する人が増えていたので、一九〇八年以降、有権者は一五〇〇万人前後になっており、一九二〇年の総選挙で有権者は倍増しただけであったが、それでも大幅な増加であったと言えよう。

納税資格が撤廃された普通選挙法が成立したのは一九二五年、これに基づいて第一回普選（第一六回総選挙）が一九二八年に実施された。有権者（二五歳以上の男子）数は約一二四〇万人、前回より四倍に増えた。総人口の約二〇パーセントである。四〇年ほど前の第一回総選挙時に比べると、三〇倍近い増加となる。急速な民主化のスピードであった。

有権者の拡大が民主化の中心的部分を占めることは疑いないとはいえ、民主化を有権者の拡大だけに置き換えることは適切ではないかもしれない。民主化を考える場合、議会の地位と権能も重要である。この点で、当時の日本は議院内閣制を採用してはいなかった。首相は議会の投票によって選ばれるのではなくて、天皇が（元老等、側近の推薦を受けて）任命していたからである。総選挙の結果で政権が移動したのは、実は一九二四年、護憲三派が勝って加藤高明内閣ができたときだけである。

ただし、加藤内閣以降、政権が憲政会（民政党）と政友会という二大政党の間で担当されることが慣例化しつつあった。一九二四年から三二年まで、第一次加藤（憲政会）、第二次加藤（同）、第一次若槻（同）、田中（政友会）、浜口（民政党）、第二次若槻（同）、犬養（政友会）と続いた。選挙の結果によってではないが、失政を含む何らかの理由で与党が政権担当能力を失うと、政権は野党に移動した。

この慣例が定着してゆけば、立憲君主制のもとでイギリスのような事実上の議院内閣制が確立したかもしれない。だが、歴史はそのような方向には動かなかった。満洲事変の衝撃によって第二次若槻内閣が倒れたあと犬養内閣が登場し、三二年二月の第一八回総選挙で政友会が三〇一議席を獲得するという地すべり的大勝利を収めたにもかかわらず、五・一五事件で犬養首相が暗殺されると、その後政党内閣が復活することは敗戦までなかった。

民主化が進展していたのに、いったいなぜこのような結果になったのか。これが、前述した日本近現代史上の謎である。何が原因なのか、どこに理由を求めるべきなのか。政党に問題があったのかもしれない。民主化のスピードが速すぎたので、政党はそのスピードに対応できなかったとも考えられる。たとえば、明治時代の政党は、地主や地方有力者を基盤とした名望家政党だったが、そこから普選時代にふさわしい政策主体の組織政党あるいは大衆政党に脱皮できなかった。しかし、それだけで民主化から軍国主義への転換を説明することは難しい。

選挙の結果によって政権が移動しないことが問題だったのかもしれない。選挙で政権を獲得できないとなると、野党は与党の失政を突き、スキャンダルを暴いて、政権担当能力がないことを天皇側近に印象づけることが政権獲得の近道と考えるようになってしまう。政権を失った政党は野党として、同じことをやって政権奪回を図る。こうして政治は党利党略が横行し、泥仕合となってしまう。国民はこうした政党政治に嫌気がさし、政党以外の政治勢力に期待するようになったのだ、という解釈もあり得よう。しかしながら、第一回普選での投票率は八〇パーセントを超え、政友会が三〇一議席を獲得した第三回普選の投票率は約八三パーセントであった。国民は、少なくとも二五歳以上の男子は、政党への期待を失ってはいなかったと考えられる。

制度の制約が民主化の進展をストップさせた、との解釈もあるだろう。代表的な例が統帥権の独立であり、これに連動した軍部大臣武官制もそれに含まれる。枢密院の存在も含まれよう。ロンドン軍縮条約をめぐる紛糾で、政友会は「統帥権干犯」の非難に便乗し、軍に対する内閣や議会の権能を制限する主張を展開してしまった。しかし、制度そのものは従来から存在したものであり、その制度のせいで軍国主義に転換した、とは考えにくい。

いったい何によって日本の政治は変調をきたしたのか。考えれば考えるほど、分からなくなる。思い切って、民主化と軍国主義は矛盾しない、という大胆な仮説を立ててみるべきかもしれない。民主化は中絶せず、軍国主義と両立したのだ、と。あるいは、「軍国主義」という規定の仕方がまずい、と反省すべきかもしれない。「ファシズム」や「全体主義」という手垢のついた、そしてきわめて政治的な概念を使いたくなかったので、「軍国主義」という用語にしてみたのだが、これでもやはり概念規定が曖昧で、あの時代をうまくとらえきれないと考えるべきか。

民主化は、停滞はしていたかもしれないが、中絶してはいなかった。ただし、自由は徐々に、大きく制限されていった。では、自由が制限された民主化を、どのように見なして、いかに概念化すればいいのか。いかなる範疇に属するものとして説明できるのか。概念化や範疇の区分ができるようになったとしても、問題は残る。なぜ自由は制限されるようになったのか、と。議論は、どうも堂々巡りを始めたようである。

「ライオン宰相」

政治指導者としての浜口を論じながら、議論は少しずれた方向に行ってしまった。私が確認したかったのは、浜口の内閣が戦前の政党政治のピーク時に登場し、そこで浜口が政党政治家として剛直なリーダーシップを発揮した、という事実である。政党政治は党利党略が横行し、しばしばダーティーな泥仕合が展開する場であったが、これに対して浜口は「強く正しく明るき政治」を標榜し、政党政治の是正をめざした。最新の情報技術を活用して、国民に直接訴えようとした。政党のあるべき姿として政策本位を打ち出した。つねに責任を明確にして政策を決定し、その実行に向かってまっしぐらに前進した。

彼の剛直さは、「ライオン宰相」と呼ばれたニックネームによく示されている。風貌がライオンに似ていたからだけではない。期待された政党政治が混濁しつつあったなかで、剛直で毅然とした浜口の姿が、人々に信頼感を与えたからではないだろうか。

浜口亡きあと、彼に代わるべき剛直な政党指導者は現れなかった。満洲事変の前も、それ以後も、政治に関わる人々がつねに口にしたのは、政界の人材払底である。柳条湖事件が発生したとき、首相が若槻でなくて浜口だったなら、歴史はどのように展開しただろうか。歴史にｉｆは禁物だが、ついそんなことも考えたくなる。と同時に、すぐれた人物の暗殺が、いかに歴史を変えてしまうかも思い知らされるだろう。

第六章　昭和天皇

敗色濃厚となるなか、靖国神社に参拝
（1945年４月、朝日新聞社／時事通信フォト）

一九〇一（明治三十四）年、皇太子嘉仁親王・節子妃の第一皇子として生まれる。名は裕仁。二一年三月から九月にわたって訪欧。帰国後、摂政となり、二六年十二月践祚。第一二四代天皇となる。八九年一月七日崩御。大日本帝国憲法における元首天皇と日本国憲法に定められた象徴天皇の両方を経験し、在位は六四年間となる。

君主としての昭和天皇

昭和天皇を政治指導者とするには、多くの人が違和感を持つにちがいない。実は、私にも違和感がある。明治憲法のもとで天皇は、あらゆる権力の源泉でありながら、その権力（大権）を実際には自ら行使せず、それゆえ政治的責任を問われなかった。いや、その逆である。政治的無答責を担保するために、天皇は大権を行使しなかった。

しかし、これには一部、留保が必要である。天皇は、自らの大権を委任した臣下の間で合意された決定を裁可したが、その過程で、決定を覆すことはできなかったとしても、決定に影響を及ぼすことはできたからである。立憲君主制のもとで、君主は君臨すれども統治せず、というのは原理原則である。だが、君主は、臣下が決めたものに、つねに自動的に判を押すわけではない。臣下の決定が国益を損なうと判断した場合は、その決定に再考を求めるケースもあり得よう。臣下の間の対立がきびしくて合意が形成されない場合、その対立緩和のために調停的役割を演じるケースもある。そうした場合は合意形成、決定のためにイニシアティヴをとることもあり得る。

こうした意味で、君主としての天皇は、重要な政治的決定に、少なくとも間接的には関与し得た。政治指導者ではないが、政治指導者の判断や決定や行動に影響を与えることができた。ここでは、このような見地から、昭和天皇を取り上げてみたい。なお、天皇がこうした役割を演じることができたのは、あくまで明治憲法下のことであったから、取り上げるのは、大東亜戦争期間を含むいわゆる昭和戦前期の昭和天皇に限定する。君主主権のもとでの天皇と、国民主権のもとでの天皇とは、根本的に異なるからである。

ところで、二〇一一（平成二十三）年には、昭和天皇の本格的な伝記が相次いで出版された。古川隆久『昭和天皇――「理性の君主」の孤独』（中公新書、同年四月刊）、伊藤之雄『昭和天皇伝』（文藝春秋、七月刊）、加藤陽子『昭和天皇と戦争の世紀』（講談社、八月刊）、高橋紘『人間昭和天皇』上下（講談社、十二月刊）である。昭和天皇についての著作は、以前から数限りなくある。だから、それが一年に四点出版されたからといって特に問題とするほどのこともないのかもしれないが、すぐれた歴史家やジャーナリストの手になる伝記が一年にこれほど揃うと、何か偶然以上のものがあるように感じてしまう。

でも、おそらく偶然なのだろう。昭和天皇が崩御して二〇年以上経過し、関係者が残した資料等もかなり出揃い、ようやく本格的な伝記を書けるようになった、ということなのかもしれない。四人の著作は、イデオロギーを排し、できるだけ先入観を持たずに、君主としての昭和天皇の実像を描こうとしている点が共通している。

だが、四人の著作の間には、もちろん違いもある。特に、古川氏と伊藤氏との間では、相当激しい論争が繰り広げられた（伊藤之雄／古川隆久／御厨貴「徹底討論・昭和天皇の決断と責任」『中央公論』二〇一二年九月号）。以下では、この論争を手がかりとして、昭和天皇の政治への関わりを考えてみたい。

満洲某重大事件

まず、最初は一九二八（昭和三）年六月の満洲某重大事件（張作霖爆殺事件）の処理をめぐり、翌年田中義一首相が天皇の叱責をこうむり内閣総辞職となった問題である。この事件の首謀者は関東軍高級参謀の河本大作大佐であったが、河本大佐は中国の北伐軍兵士の仕業であるかのように事件をカモフラージュした。しかし、やがて関東軍が爆殺したとの噂が広まり、本国の陸軍から憲兵司令官を派遣して現地調査を行ったところ、河本が首謀者であることが確認された。

しばらくの間、真相は伏せられた。それでも噂が広まっている以上、政府としては何らかの措置を取らなければならなかった。一九二八年十月、元老西園寺公望は田中首相に対して、もし日本の軍人が犯人ならば厳罰に処して綱紀を正さなければならない、と助言した。真相を究明し犯人を処罰することが国際的信用を維持する所以でもある、と西園寺は忠告したのである。

田中は、西園寺の意向にそって問題を処理しようとしたが、周囲の反対にあってしまう。まず、彼の出身母体である陸軍が反対であった。日本軍人を犯人として処罰すれば、対外的な信用を損ない、軍の威信を傷つけ、部内の士気を低下させる危険性がある、と陸軍は考えたのである。田中内閣の閣僚たちも大半が反対であった。やはり内外に対する信用を落とし、内閣自体の存続にも関わるとされた。

十二月、昭和天皇の即位に関する行事がすべて終了して落ち着いたころ、田中はこの件に関し初めて天皇に内奏した。その内容は必ずしも明らかではないが、このときの内奏と、その後の内大臣牧野伸顕への説明で、田中は、事件が日本軍人による犯行であれば、犯人を厳重に処罰し真相を内外に公表する、と述べたようである。天皇も牧野もこの決着方式を望んでいた。

しかしながら、閣僚も陸軍も、この決着方式には反対であった。翌年三月、白川義則陸相は天皇に内奏し、首謀者は河本であると報告したが、その処分については曖昧であった。五月、陸相は首相に対して、関東軍は事件に無関係であるものとし、警備上の手落ちにより関係者を行政処分に付す、との陸軍の方針を報告した。

六月二十七日、田中は天皇への内奏の際、陸相の報告に基づく内閣の方針を説明した。これを聞いて天皇は、以前の上奏内容と矛盾すると田中を叱責し、説明を申し出た田中に対し、これ以上の説明は必要ないと突き放したのである。『昭和天皇独白録』では、天皇が次のように回想したとされている。

田中は〔中略〕この問題はうやむやの中に葬りたいと云ふ事であつた。それでは前言と甚だ相違した事になるから、私は田中に対し、それでは前と話が違ふではないか、辞表を出してはどうかと強い語気で云つた。

こうして天皇の信任を失ったとして、七月二日、田中内閣は総辞職、それから三ヵ月ほど経って、田中は持病の心臓病の発作で死去した。事件関係者は行政処分となり、村岡（長太郎）関東軍司令官は予備役編入、河本は停職となった後、予備役に編入された。

事件処理をめぐる昭和天皇の行動については、長い間、通説とされてきた解釈があった。

それは、天皇が田中を強く譴責《けんせき》したために政変を引き起こしてしまったことに驚き、その後は立憲君主として、ことさら政治に関わる発言を自制するようになった、と解釈するものである。だが近年、牧野内大臣や奈良（武次）侍従武官長等、宮中関係者の日記が利用されるようになって、ことはそれほど単純ではないと見られるようになった。そして、ここが、伊藤氏と古川氏の解釈の最初の対立点となるのである。

伊藤・古川論争

伊藤氏は、天皇に対する牧野の影響力を強調する。牧野は、明治天皇の政治的リーダーシップを理想化し、昭和天皇の摂政時代から、その理想に近づけるよう政治教育を施した。即位した後、天皇は、田中内閣の内政・外交に不信感を強め、若さゆえの気負いと正義感から、それまでにつくられた慣行を超えて、意欲的に政治に関与し始める。牧野はそれをたしなめず、むしろ支える方向に動いてゆく。

伊藤氏によれば、一九二九年五月の時点ですでに、天皇と牧野との間では、田中が前年末に示した事件の決着方式に矛盾する方針を奏上した場合、田中に責任をとらせて辞任させるということで一致し、これには侍従長鈴木貫太郎、宮相一木喜徳郎も同調していたという。こうした天皇の行動は、明治以来長年にわたって形成されてきた慣行を超えるものであり、

「近代日本の君主としては異常なものであった」と伊藤氏は指摘する。さらに、こうした行動の結果、天皇への批判が軍人や右翼勢力の間に生まれ、牧野やその他の宮中勢力に対して「君側の奸」という非難が浴びせられることとなった、とする。

要するに、伊藤氏の解釈では、この時点での天皇は君主として「未熟」で慎重さが足りず、補佐すべき牧野も天皇の判断や言動に慎重さを求めず、むしろ互いに判断や言動を補強しあった、ということになる。

一方、古川氏は、天皇が「大正デモクラシーの空気をたっぷり吸収した青年君主」として即位し、「徳治」の実現をめざして国民を感化させていこうとしたことを強調する。天皇は、事件以前から田中の内外政策に不信を強めていた。そこに事件が発生し、しかも田中の事件処理方針が転換したことで、その政治的責任をとらせ辞任を求めるべきだとの意向を固める。これに対して牧野、鈴木、一木は、国民世論が田中内閣退陣を求めていると判断し、しかも事件の真相に感づいている世論を前にして、天皇が田中の方針転換を容認すれば、その権威に傷がつくのではないかとおそれた。

古川氏によれば、天皇は田中に対し、辞任せよと明確に言ったわけではない、とされるが、いずれにせよ結果は同じであった。天皇の叱責により内閣が総辞職したことは「前代未聞」だったが、古川氏は、世論の大勢がこの政変を歓迎したことを重視する。天皇は「公正で道義的な政治」を望み、宮中側近の助言を受けて、田中叱責という異例の言動をとった。しかも、それが世論の支持を受けたわけだから、天皇がその後に政治に関わる発言を自制するようになったということもない、と古川氏は言う。

以上のように、二人の解釈はかなり違う。伊藤氏は、天皇の未熟さ、配慮の足りなさを指摘し、牧野の補佐が不適切であったと批判する。これに対して古川氏は、天皇の「聖断」の適切さを評価し、牧野らの世論観察の正しさを指摘する。二人とも、イデオロギー色が稀薄であるだけでなく、きわめて実証的で、史料に密着するタイプの歴史家であるが、それでもこれだけ解釈が違うというのはなかなか興味深い。

ロンドン海軍軍縮条約

一九三〇（昭和五）年のロンドン海軍軍縮条約をめぐる天皇の態度についても、伊藤・古川両氏の解釈は微妙に異なる。伊藤氏によれば、天皇は浜口（雄幸）首相による軍縮条約締結を支持し、条約に反対する海軍軍令部長加藤寛治からの説明を避けようとした。大権行使を委ねた臣下の間に対立が生じた場合、本来ならば天皇は自ら調停にあたるか、あるいは元老のような有力者に調停役を任せるのが明治以来の慣例であった、と伊藤氏は言う。にもかかわらず、昭和天皇は一方的に浜口首相を支持し、加藤軍令部長の上奏を避けた。

ここで問題になるのが鈴木侍従長の行動である。ロンドンでの交渉で日英米に最終妥協案がまとまり、日本全権団から承認を求める電報が到着した後、加藤軍令部長は最終妥協案では国防の責任は負えないことを天皇に上奏しようとした。ところが、鈴木侍従長は加藤の上奏にストップをかけて延期させたのである。その結果、最終妥協案を承認した閣議決定の裁可を求める浜口首相の上奏が先になった。このあたりは、前章にも書いたとおりである。

伊藤氏によれば、鈴木は天皇が加藤の上奏に正面から向き合うのを避けたがっていることを察知し、天皇の了解のもとに、自らの責任において加藤の上奏を阻止した。これに対して、古川氏は、鈴木の上奏阻止は彼の独断であったとする。むろん鈴木は、天皇が軍縮条約支持であることを理解したうえで、こうした行動をとったのだと言う。

要するに、伊藤氏はロンドン条約をめぐっても天皇の未熟さが露呈されたと批判する。田中首相問責がやり過ぎだったと反省した天皇は「及び腰」となり、対立する臣下の調停役さえ放棄した。田中内閣のときには慣例を超えた政治関与をし、浜口内閣のときには、慣例となっている調停という政治関与を回避した、と伊藤氏は言うのである。

一方、古川氏は、昭和天皇が明確に条約支持の意思を表示したことを強調する。浜口首相は天皇の支持を受け、自信を持って条約締結を決断した。鈴木侍従長の独断は、天皇の意思が条約支持にあることを理解したうえでなされたものであった。鈴木の独断はもちろん慣例に反した行動だったが、浜口が海軍との意見調整を充分にしなかったため、鈴木はそうせざるを得なかったのだとされる。

以上のように、ロンドン軍縮条約をめぐっても、両氏の見解は食い違っている。ここでも伊藤氏は天皇の未熟さを指摘し、古川氏は天皇の判断の妥当性を示唆していると言えよう。

判断の的確さ

両氏の解釈のうち、どちらを支持するのか、と問われれば、私は伊藤氏の解釈に近いと答えたい。古川氏が天皇の言動の一貫性を示唆しているとすれば、伊藤氏が天皇の「成長」を論じているところに共感をおぼえるからである。天皇が「未熟」であったかどうか、牧野内大臣の補佐が不適切であったかどうか、そこはまだ判断がつきかねるが、天皇が君主としてのあり方にまだ不慣れであったことは否定できない。昭和天皇は、このころまだ三〇歳にもなっていないのである。摂政の時期が数年あったとはいえ、君主としての政治関与に充分習熟していなかったことは当然でもあった。まだ若く不慣れな君主にとって、満洲某重大事件の処理もロンドン海軍軍縮条約をめぐる対立も、あまりに難しい問題であったと言えるかもしれない。

そのうえで付け加えなければならないのは、古川氏が示唆しているように、当該問題に関する昭和天皇の判断が常識的で妥当であったことである。張作霖爆殺事件の処理に関して、犯人を公表して厳罰に処すという天皇の判断は、適正であったと言うべきだろう。米英との妥協による軍縮条約への支持も妥当であった。「大正デモクラシーの空気をたっぷり吸収した」昭和天皇の、「大正デモクラシー」的価値観に基づく判断は間違っていなかった。たとえそこから導き出された政治関与が慣例から外れていたとしても。

こうした天皇の判断は、その後のさまざまな局面で明確に示されることになる。たとえば支那事変（日中戦争）の解決に関しても、天皇の熱意と判断の的確さは、いくつかの記録に残っている。一九三七（昭和十二）年七月下旬、盧溝橋事件の約三週間後に日本が華北での本格的な武力発動に踏み切った後、天皇は外交による事変解決を求めた。外務省東亜局長の石射猪太郎が外相の広田弘毅から聞いたところによれば、七月二十九日夜、天皇は近衛（文麿）首相を呼んで、「もう此辺で外交々渉は出来ぬものか」と語ったとされる（前掲『石射猪太郎日記』）。その直後に陸軍から外交的解決の打診を受けた石射は、天皇の言葉が陸軍に伝えられて、効き目を現したと観察した（石射猪太郎『外交官の一生』中公文庫、二〇一五年）。

こうして、元外交官で在華紡績同業会総務理事の船津辰一郎による和平工作が始まる。八月六日、伏見宮軍令部総長が参内したときの「内話」を嶋田繁太郎軍令部次長が聞いた言葉として以下のような海軍の記録が残っている。

○現在ヤッテイル外交工作（Fノ件）ガウマク行ケバヨイガ　○右ガウマク行カヌ時ハ之ガ経緯ヲ中外ニ公表シ我国ノ公正ナル態度ヲ明《あきらか》ニシタ方ガヨイ　○陸軍ノ意見ニテ大兵力使用ハ困難トノ事ナルガ愈々《いよいよ》外交々渉モウマク行カヌ時ハ仕方ナシ　ヤルダケノ兵力デヤレルダケノ事ヲヤラネバナラヌ

（前掲『支那事変処理』防衛研究所蔵）

「Fノ件」とは言うまでもなく船津による和平工作のことである。

この「内話」が天皇の発言だとすると、事変解決に関する当時の天皇の考え方がよく分かる。外交的解決を優先するが、それがうまくゆかなければ、外交的解決を図ろうとした日本の「公正」な態度を国際的に説明し、兵力を小出しに使わずに、大兵力によって早期の軍事的解決を図る。これが天皇の基本的な考え方であった。

しかし、このときの和平工作（いわゆる船津工作）は八月中旬、戦火が上海に飛び火し挫折してしまう。その後、事変は全面戦争の様相を呈し、外交的解決の可能性は遠のいた。十一月、膠着状態にあった上海の戦線が動き出し、それに伴ってドイツを仲介とした和平工作に期待が寄せられたが、これもうまくゆかなかった。一九三八年一月十六日、和平工作を断念した日本政府は、「爾後国民政府ヲ対手トセス」という声明を出した。

本来、この声明には、今回は和平の「対手」にしないが、中国が態度を変えれば今後「対手」にすることもあり得るという意図が込められていたという。ところが、近衛首相や広田外相は、周囲の強硬論に押されて、中国国民政府とは今後一切和平はしないことが声明の主旨であると議会等で説明し、国民政府否認を強調するに至る。こうして、この「対手トセス」声明はその後の事変の外交的解決を大きく制約してしまうのである（前掲『ピース・フィーラー』）。

しかし、天皇はこの声明の本来の主旨をよく理解していた。声明発表からおよそ一年半後の一九三九年五月、第四章で紹介したとおり、天皇は侍従武官長の畑俊六に次のように語っている。近衛声明で蔣介石を相手にせずというのは、すこぶる不明瞭で、強い意味ではなかった。本当は弱い意味であったものが、議会で強い意味に変化したものだ、と。翌一九四〇年二月、天皇は同じことを参謀次長の沢田茂にも述べている。「蔣介石ヲ対手ニセストノ言葉ノ真意ヲ近衛及現総理〔米内光政〕ニ質シタル処　最初ハ左程強キ意味ハナカリシモ議会ノ関係ニ於テ非常ニ堅苦シキ意味トナレルモノナリ」（『参謀次長沢田茂回想録』芙蓉書房、一九八二年）。天皇の理解は正確であった。だが、同じ理解であったはずの近衛も米内も、国内政治的理由によって強い意味を帯びた声明の拘束を乗り越えようとはしなかった。

「桐工作」

「対手トセス」が手かせ、足かせとなって、日本の事変解決策は空転する。やがて、汪兆銘（汪精衛）を重慶から離脱させ、彼を首班とする政権を国民政府の南京還都という形式で成立させようとするが、これによって事変解決はかえって複雑さを増した。陸軍では、汪兆銘への失望から、あらためて重慶の蔣介石政権との和平を模索する動きが生まれる。一九三九年末に香港で陸軍軍人による重慶側との和平接触が始まり、それは「桐工作」というコードネームで呼ばれることになった。

桐工作は翌一九四〇年三月、東京の大本営の承認を得て、本格的に進められてゆく。この件は、政府や陸軍の首脳から逐次、天皇に報告されていた。畑俊六（陸相）の日記には、「陛下には重慶工作には大なる御期待あり」と記されている。汪兆銘政権成立によって桐工作は一時中断されたが、それでも日本側は工作への期待を失わず、六月には、板垣征四郎（支那派遣軍総参謀長）、汪兆銘、蔣介石の三者会談を開くという仮の「合意」がつくられた。

このころから、内大臣木戸幸一の日記には、重慶工作について天皇から下問された記述がしばしば登場する。たとえば、工作の進展に備え、七月上旬に予定されていた葉山への行幸を延期すべきではないかとか、八月上旬の呉への行幸をどうしようかと、天皇は木戸に相談した。木戸は行幸を予定どおり実施すべきであると答えつつ、工作の状況に関する詳細な情報を天皇に伝えている（前掲『木戸幸一日記』下巻）。

そのころ、華中の戦線では宜昌攻略作戦が進行中であった。天皇は当初、宜昌占領に反対であったが（井本熊男『支那事変作戦日誌』芙蓉書房、一九九八年）、その後に宜昌占領を示唆するようになった（前掲『参謀次長沢田茂回想録』）。天皇は、宜昌占領によって重慶に圧力をかけ、蔣介石を和平の方向に促そうと考えたのかもしれない。

結局のところ同年秋に入り、桐工作は、日本による汪兆銘政権承認を牽制する重慶側の謀略であると判断され、打ち切られる。工作が打ち切られる前、まだ少しは脈があると思われていたころ、天皇は畑陸相に次のように述べていた。桐工作がうまくゆかぬ場合は、第三国の仲介を利用しなければならないが、ドイツと戦っているイギリスは今や力がなく中国が信用しないだろう。実力があるアメリカは和平仲介に最適任だが、その和平条件が日本の要求に合わない場合は、国内的に面倒である。結局残るはドイツということになるが、「うっかり頼むと後にて難題を持かけらるゝ」おそれがある、と（前掲『続・現代史資料〈4〉陸軍 畑俊六日誌』）。そしてこの後間もなく、「難題」を持ちかけられるおそれがあるドイツと、日本は同盟を結んだのであった。

昭和天皇の判断は、多くの場合、的確で妥当であったが、生かされることはなかった。大権を委ねた臣下の間に合意が成立している場合、天皇といえどもそれを覆すことはできなかったからである。伊藤氏は、満洲事変に際して、朝鮮軍が関東軍を応援するため独断越境したとき、天皇はこれを譴責すべきだったのに、それをあきらめたとして批判している。だが、それはおそらく無理だっただろう。若槻（礼次郎）首相が独断越境を容認しつつあったからである。もし若槻が反対したならば、天皇としても打つ手はあったかもしれないが、出先の独断越境を軍中央が認め、それに政府も反対しない以上、天皇がそうした暗黙の合意に反することはきわめて難しかった。

張作霖爆殺事件の場合は、宮中勢力（内大臣、侍従長、宮内大臣）が一致団結して田中首相に対抗した。そうした対立状況下で天皇は、自らの意向と一致する宮中勢力を支持し、あえて慣例以上の政治関与に踏み切った。ロンドン軍縮条約のケースでは、政府と海軍軍令部が対立し、鈴木侍従長の勇み足はあったにせよ、実質的には天皇は政府支持の政治関与を行ったと言うべきだろう。そして、こうした政治関与は、あくまで大権を委ねた臣下の間で合意が形成されていない場合に行われたのであった。

だが、一回だけ、合意が形成されたのに、天皇が政治関与に踏み切ったケースがある。大東亜戦争開戦の決定に至るときである。一九四一年九月、大本営政府連絡会議は、対米交渉が期限内に成果を生まなければ対米開戦を辞さず、そのための戦争準備を進める、という趣旨の方針を決めた。この方針を御前会議にかけるため近衛首相が事前に上奏して説明すると、天皇は、これでは外交と開戦のどちらが優先されるのか分からない、と疑問を呈した。近衛は、それならば両統帥部長（参謀総長と軍令部総長）を呼んで確認したらどうかと述べたので、天皇は二人を呼んで確認を求めたところ、外交交渉が優先されるとの回答を得た。

このときの興味深いエピソードがある。天皇はこのとき、参謀総長の杉山元に向かって、日米戦争が起こったならば、陸軍としてはどのくらいの期間で片付けるつもりかと尋ねた。杉山が、南洋方面だけならば三ヵ月くらいで片付けるつもりであると答えると、天皇は、支那事変勃発時に陸軍大臣だった汝は、事変は一ヵ月ほどで片付くと言ったが、四年も続いていまだに片付かないではないかと極《き》めつけた。杉山が、中国は奥地が広いからと、くどくど弁明すると、天皇は、中国の奥地が広いというなら、太平洋はもっと広いではないか、いかなる確信があって三ヵ月で片付くと言うのか、と声を張り上げたという（前掲『最後の御前会議／戦後欧米見聞録――近衛文麿手記集成』）。

両統帥部長の拝謁に陪席した近衛の手記に紹介されているこのエピソードは、少しばかり違ったかたちで参謀本部のメモにも記されている。このとき杉山は、南方作戦は五ヵ月で片付くと答えたようであり、これに対して天皇は「オ前ノ大臣ノ時ニ蔣介石ハ直《す》ク参ルト云フタカ未タヤレヌテハナイカ」と述べ、さらに対米戦については「絶対ニ勝テルカ」と「大声ニテ」質したという（参謀本部編『杉山メモ――大本営・政府連絡会議等筆記』上、原書房、一九六七年）。

杉山参謀総長に対して声を荒げたのは、天皇が対米開戦をいかに憂慮していたかを示している。決定の文言を変えることはできなかったが、外交交渉優先を確認させる、という点で、あえてそれまで以上の政治関与に踏み切ったとは言えるだろう。ただし、実際の御前会議では、天皇は発言を控えた。それは事前の確認で満足していたからではない。発言を止められていたからである。

御前会議

このときからさかのぼること三年半ほど前（一九三八年一月）、支那事変処理方針をめぐって御前会議が開かれようとしたとき、そのときも首相であった近衛は、御前会議では「何にも陛下からお言葉のない方が宜しい。結局ただ黙つて御親臨の程度で願ひたい」と天皇に助言していた（前掲『西園寺公と政局』第六巻）。このため、日露戦争以来初めて開かれた御前会議で天皇は沈黙を守ったのである。それから三年半後の近衛の助言も、御前会議で天皇の発言を必要としないよう、事前に確認を求めさせる、ということに狙いがあったと思われる。

そして、その後の御前会議でも天皇は沈黙を守った。ただし、原（嘉道）枢密院議長が天皇と同じ疑問を発したとき、統帥部側の回答が明確でなかったため、天皇は明治天皇の御製「四方《よも》の海みなはらからと思ふ世になど波風のたちさわぐらむ」を詠み上げ、開戦回避を望んでいることを明確に示したのである。

しかし、対米交渉は設定期限内に成果をあげることができなかった。近衛内閣は陸軍と衝突して総辞職した。木戸幸一内大臣と天皇が、後継首相に陸相の東条英機を持ってくるという奇策を用いたことは、第三章でやや詳しく紹介した。東条に組閣の大命が降ったとき、木戸は東条に、期限内に外交交渉がうまくゆかなければ開戦に踏み切るという九月の御前会議決定を「白紙還元」するよう、天皇の意向を伝えた。東条はこれに従って、あらためて仕切り直して国策の策定に着手したが、結果的には開戦回避の決定を打ち出すことはできなかった。

立憲君主

なぜ天皇は、開戦を止めることができなかったのか。終戦決定で天皇はイニシアティヴをとることができたのだから、開戦阻止でも同じことができたはずではないか、という指摘ないし批判もある。この問題をどのように考えたらいいのか。

まず、はっきりしているのは、天皇は何でもできたわけではない、ということである。換言すれば、天皇は絶対君主ではなかった。何でも自分の思うように国策を決定できるわけではなかった。天皇は立憲君主であった。国策決定に関わることができるとしても、それは憲法とそれに基づく慣例の許す範囲でしかなかった。

では、どのような場合に国策決定に関与するのか。それはすでに述べたように、大権を委任した臣下の決定が国益を損なうと判断した場合か、臣下の間の対立がきびしくて合意が形成されない場合である。天皇は、対米開戦が国益に反すると判断したのだろう。それゆえ、二度にわたって対米開戦の決定回避を図った。一度目は、交渉継続と開戦準備のどちらが優先されるのかと確認を求めたときである。そして二度目は、東条の組閣時に御前会議決定の「白紙還元」を指示したときであった。いずれも、慣例の枠内でのギリギリの政治関与と言うことができよう。特に二度目は、前の決定を覆すことになり、もし成功したならば、大きな反動が起きたかもしれない。

しかしながら、「白紙還元」による国策転換は達成されなかった。天皇としては、それを受け入れねばならなかった。なぜならば、「白紙還元」後、東条の努力で繰り返された国策審議の結論は、自らの大権を委任した臣下の間で合意された決定だったからである。それを覆すことは、絶対君主でない限り、不可能に近かったと言うべきだろう。

戦後、天皇は対米避戦を決定したならば、クーデターが起きただろう、と述べたとされる（前掲『昭和天皇独白録』）。だが、これは後で付けた理屈のように思われる。クーデターを恐れて、対米開戦を阻止しなかったのではない。開戦を避けようとして東条に「白紙還元」を指示し、東条は忠実に、閣議や連絡会議でもう一度審議をやり直した。しかし、結局、外交が期限内にうまくゆかなければ開戦やむなし、という根本的な部分は変わらなかった。この点に関しては、関係者の間に形成された合意があらためて確認されたのである。それを天皇が無効にすることはできなかった。

終戦の「聖断」

終戦の場合は、これとだいぶ異なる。終戦時には、ポツダム宣言受諾の可否をめぐって内閣・統帥部が割れ、合意が形成されなかった。それゆえ、天皇のイニシアティヴが発揮された。いわゆる「聖断」による終戦である。

「聖断」によって終戦に導くというシナリオは、木戸内大臣や鈴木（貫太郎）首相によって描かれていた。ただし、そのシナリオで主役を演じたのはあくまで天皇である。一九四五年六月に、天皇は和平問題を協議するため御前会議を招集した。御前会議は、政府あるいは統帥部からの要請があって開催されるのが慣例となっていたが、このときは初めて天皇の発意によって開かれたのである。

同年七月二十六日にポツダム宣言が発せられてから、その受諾をめぐって御前会議メンバーの意見が真っ二つに割れたとき、天皇が宣言受諾のやむを得ないことを諄々と説き、これにメンバーの大半が涙した、というシーンはよく知られているとおりである。ここで繰り返して紹介する必要はないだろう。

ただし、二つだけ蛇足を付け加えておきたい。一つは、繰り返しになるが、天皇が降伏の決断を下したのは、あくまで、臣下の間に合意が形成されず、鈴木首相から判断を求められるという、きわめてまれなケースだったからである。これが「聖断」のシナリオであった。もう一つは、御前会議での決断を受けて、閣議がポツダム宣言受諾を決定し、この閣議決定が正式の国家の決定となったことである。立憲君主制とは、こうした手続きによって成り立っていたのである。

天皇の終戦の決断については、その遅れを指摘する声もある。天皇自身の回想によれば、一九四三年九月ニューギニアでの敗北以来、戦争に勝つ展望を失っていたようだが、それでも敵に一撃を与えたうえで、できるだけ有利な条件での講和の可能性に望みを託していた（前掲『昭和天皇独白録』）。一九四五年二月、深刻さを増す戦況を憂えた天皇の希望により、六人の重臣が個別に拝謁し所信を上奏したとき、即時和平を述べたのは、敗戦に伴う共産革命を憂慮する近衛だけである。他の重臣のなかにも和平を示唆した者はあったが、それは天皇と同じく一撃和平論であった。

天皇が即時和平を決意したのは、同年五月八日、ドイツが降伏して単独不講和条約に拘束される必要がなくなり、沖縄で敵に一撃を与える可能性もなくなったころであろうと思われる（同右）。一撃和平ではなく、即時和平のために木戸内大臣が動き出すのは、そのころからである。

天皇に親独的な傾向があったわけではない。ドイツとの同盟にも反対だっただろう。しかし、いかに好まぬ条約ではあっても、一旦締結した以上は最後まで守らなければならない。天皇は、このように考え、国家間の信義を重んじる君主であった。中国の重慶政権との和平を望みながら、江兆銘政権が成立して日本が同政権と国交を樹立し、後には同盟まで締結すると、やはり天皇は汪政権に対する信義を最後まで重んじようとした。私は、天皇のこうした姿勢に感動をおぼえる。

現在われわれが知っているところからすれば、一九四四年七月サイパンが失陥した時点で、日本の敗戦は決定的となった。その点からすれば、降伏の決断は遅れたと言うべきだろう。遅れたがゆえに、原爆の惨害を受けソ連の参戦を招いてしまった。しかし、天皇の「聖断」

による降伏決定によって、日本は、本土決戦とそれに伴う甚大な犠牲を回避することができた。またソ連軍の進駐による分割占領も避けることができた。その意味で、降伏の決断は、危ういところで手遅れにならずに済んだということになろう。その決断に果たした天皇の役割は大きい。

＊

最後に、あらためて本章前半部分で紹介した伊藤・古川論争に立ち戻ってみよう。伊藤氏は、昭和初期の天皇の「未熟さ」を指摘しながら、支那事変あたりからの天皇の「成熟」を評価する。古川氏は初期の天皇の判断や行動を評価しながら、支那事変以後の天皇の政治関与の不充分さを指摘する。この論争の後に、多くの近現代史研究者の間で待望されていた『昭和天皇実録』が公刊されたが、これによって論争に決着がついたわけではないようである。ただ、どちらの解釈に説得力があるかは別として、伊藤・古川両氏に代表される昭和天皇研究が、君主としての、そして元首としての天皇の政治的人格に新たな光を当てたことは間違いないだろう。

終章　昭和の指導者

本書で取り上げた中曽根康弘、吉田茂、東条英機、近衛文麿、浜口雄幸、昭和天皇の六人が、昭和期の指導者のすべてを代表しているわけではない。ただ、この六人を通して、昭和期の指導者の主要な特徴をとらえることはできるだろう。六人のうち昭和天皇は、君主として指導的地位にあったことは間違いないが、戦後期はもちろん戦前期においても権力を直接行使し得る立場にはなかった。だが、自ら権力を行使せず臣下に大権を委任していたがゆえに、天皇は、国家指導者としての臣下の権力行使、つまりリーダーシップの本質的な部分を、鋭く観察していたと考えられる。以下では、そのことも踏まえて、天皇を除く五人の指導者について考えてみたい。

まえがきで述べたように、野中郁次郎氏との共同研究では、すぐれた国家指導者が持つべきものとして、歴史的構想力と理想主義的プラグマティズムを指摘した。野中氏の共同研究では、組織論的アプローチによって結論を導き出したので、やや難解な部分があるかもしれない。ここでは、歴史家としての私なりの理解に基づいて、この二つの要素を説明してみよう。

歴史的構想力

まず、歴史的構想力とは、自国とそれを取り巻く世界の過去・現在・未来を見据えて、そのなかで自らの歴史的役割を自覚することである。自らの歴史に対するプライドと歴史的センスに根差した洞察力を持ち、いまがどんな時代であり、その時代に自分たちが何を要請され、いかなる歴史的な役割を果たすべきかを見極めることでもある。

明確な歴史的構想力を持った指導者として、すぐ思い浮かぶのは、第二章でも触れたが、ウィンストン・チャーチルである。チャーチルは歴史において自分が果たすべき役割を自覚していたとされる（Keith Sainsbury, *Churchill and Roosevelt at War: The War They Fought and the Peace They Hoped to Make*, Macmillan, 1994）。一九四〇年五月、ヨーロッパの西部戦線でドイツ軍が破竹の進撃を続けているときに首相に就任した日のことを、チャーチルは次のように回想している。

私はあたかも運命とともに歩いているように感じた。そしてすべての私の過去の生活は、ただこの時、この試練のための準備にすぎなかったように感じた。

（W・S・チャーチル『第二次世界大戦〈1〉』河出文庫、二〇〇一年）

チャーチルは敗北寸前のイギリスを鼓舞し、苦しい戦争を戦い抜いて最後の勝利をつかみ、イギリスの伝統と価値を守ることに自らの歴史的役割を見出した。

チャーチルと同じように、歴史において自分が果たすべき役割を自覚していたのは、吉田茂であった。吉田は敗戦直後に、「戦争に負けても外交で勝った国もある」としばしば語っていた。また、終戦時の首相の鈴木貫太郎を戦後に訪ねたとき、「負けっぷりをよくしろ」と諭され、その言葉を肝に銘じた。吉田は、自分がこれまで生きてきたのは、敗戦時のこのときのためだ、と強く感じていたのではないだろうか。今こそ、自分が働くべきだ、先頭に立つべきだ、との思いに衝き動かされていたのではないだろうか。吉田にとっての歴史的役割は、屈辱的な敗戦からプライドを持って立ち上がり、復興をなしとげて独立を回復し、国際社会に復帰することであった。敗戦国の指導者、吉田の果たすべき歴史的役割は、結果的に勝者となったチャーチルよりも苦渋に満ちたものであったかもしれない。

中曽根康弘も、自らの歴史的役割を自覚していたリーダーである。中曽根は、日本のアイデンティティの確立を政治理念とし、従来の「平和と経済の国」から「政治と文化の国」への転換を図ろうとした。「平和と経済」だけを追求してきた、それまでの国家のあり方が行き詰まり、経済大国としての新たな国家像が求められる時代に、彼は首相の座についた。そして中曽根は、経済大国としての政治的責任をとることと、欧米の文化に引けを取らない日本文化によって国のアイデンティティを確立することに、自らの歴史的使命を見出したのである。

浜口雄幸にも、それなりの歴史的構想力があったと考えられる。第一次世界大戦によって大きく変化した世界にあって、日本は国際的には大国化、政治的には大衆化、経済的には工業化への道を進み、世界列国と共通の可能性を持ち共通の課題をかかえていたが、浜口は同時代の政治家のなかで、その潮流に最も適合した指導者であったとされる（F・R・ディキンソン「戦間期の世界における政治指導の課題——浜口雄幸を中心に」戸部良一編『近代日本のリーダーシップ』千倉書房、二〇一四年）。

浜口は、政党政治が本格化するという歴史的状況を正確に読み取り、党利党略といった政党政治の悪弊を極小化して、その健全な発達を促そうとした。また、水膨れした日本経済の体質改善を実現しようとした。さらに、国際協調のもとで大国としての責任を果たすことをめざした。これが浜口の歴史的使命であり、彼は充分にそれを自覚していたように見受けられる。だが、経済の体質改善のための処方箋は日本経済の病状に適合しなかった。さらに、浜口は志半ばで世を去らなければならなかった。自らの使命が達成されたかどうか、見届けることができなかった。

以上の三人に比べると、東条英機と近衛文麿には、歴史的構想力があったようには見えない。東条は有能な軍事官僚であったかもしれない。しかし、官僚である限り、歴史的ヴィジョンや歴史的センスなどといったものは必要とはされなかった。彼は、戦っている戦争に、どのような歴史的意味があるのか、説得的に語ることができなかった。戦争に勝つことを東条は自らの使命としたが、その戦争が日本の過去と未来にどのようにつながっているのかを、論じることができなかった。

近衛文麿は、いわゆる教養人であり、歴史的構想力があって当然のように考えられるかもしれない。事実、彼は人々から、そのように見られがちであった。しかし、それは外見だけだったようである。近衛が二度目の首相となった直後に閣議決定された「基本国策要綱」には、当時の日本の政治・外交・軍事を指導していた人々の歴史的センス（あるいはナンセンス）がよく表れている。同要綱は、「世界ハ今ヤ歴史的一大転機ニ際会シ数個ノ国家群ノ生成発展ヲ基調トスル新ナル政治経済文化ノ創成ヲ見ントシ皇国亦有史以来ノ大試練ニ直面ス」と論じ、「コノ秋《とき》ニ当リ真ニ肇国《ちょうこく》ノ大精神ニ基ク皇国ノ国是ヲ完遂セントセハ右世界史的発展ノ必然的動向ヲ把握」すべきであると主張した。この要綱の作成に近衛が直接関係していたかどうかは分からない。ただ、空疎な言葉が躍るこの要綱の趣旨に、彼も同調していたことは否定できない。

満洲事変以後の昭和戦前期の一九三一年九月から四五年八月までの間、近衛と東条が首相を務めたのは合計でおよそ五年半、全期間の四〇パーセントになる。この時代の四〇パーセントを、歴史的構想力に欠ける政治指導者が統治したのである。近衛と東条以外のこの時期の首相が、歴史的構想力を持っていたかどうかも疑わしい。昭和戦前期の指導者不在は、歴史的構想力を持った指導者が政治の表舞台に登場しなかったことに、その理由の一つが求められよう。

理想主義的プラグマティズム

次に、理想主義的プラグマティズムはどうか。あまり哲学的には考えずに、理想主義的プラグマティズムとは、何らかの正義に通じる理想（ヴィジョンあるいは大義）を掲げ、その実現に向かって、状況と文脈に応じ、実行可能な措置をとり続けてゆくことである、というくらいに理解しておこう。この場合のヴィジョンは、当然ながら、リーダーが持っている歴史的構想力から生まれる。

中曽根は、「戦後政治の総決算」というヴィジョンを掲げた。彼は戦後政治を全否定したわけではない。戦後に構築された政治行政システムが、いわば制度疲労をきたしたため、それを抜本的に見直し、改革を進めようとしたのである。その改革は、国鉄民営化に代表される行政改革となって実現された。行政改革をめざす中曽根の実施方式は、第一章で述べたとおりである。

戦後政治の総決算を掲げて、中曽根が達成できなかったこともある。一つは教育改革であり、もう一つは憲法改正であった。彼は長年にわたって憲法改正を自らの基本的な政治主張として唱えてきたが、首相就任時にそれが当面、不可能であることを認めざるを得なかった。それゆえ中曽根は憲法改正を当面は断念し、安全保障について、日本の自主性を強め同盟国の信頼を高める措置を取り続けた。ここに、中曽根のプラグマティズムを認めることができる。

吉田の場合のヴィジョンは、復興と独立の回復である。この点で際立っているのは、一九四六年に初めて首相となったとき、復興の前提として、食糧危機の回避に全力を傾けたことである。国民が飢えていては、復興も、改革も、独立（主権回復）もあり得なかった。吉田は、食糧危機の回避に一点集中し、占領軍も利用して、これをなしとげた。

徹底した現実主義者の吉田にとって、ヴィジョンの提示は不得手であったが、当時の日本はヴィジョン、つまり何をめざすべきかがあまりにも自明であったと言うべきだろう。つまり、吉田はヴィジョンなど掲げる必要がなかったのである。ただし、その暗黙のヴィジョン実現のために彼が最初に打った措置、食糧危機の回避は見事であった。

浜口が掲げたヴィジョンは、彼自身の政治モットー、「強く正しく明るき政治」にほかならない。それは、政治家として愚直なまでの正攻法であった。自ら掲げたヴィジョンを実現するために、浜口は新聞・雑誌・パンフレットといった文字による伝達手段のほかに、当時最先端の情報技術であるラジオ放送やレコードを活用し、直接、国民に訴えようとした。政党のあるべき姿として、政策本位を打ち出そうとした。それが成功したかどうかは判断が難しい。しかし、彼のヴィジョンとその達成方法の試みは、評価するに値するものであった。

東条や近衛の場合は、ヴィジョンらしきものを見出すことが困難である。東条は有能な軍事官僚であったから、あえてヴィジョンを打ち出す必要がなかった。彼は仕事の実務的効率性を追求し、その点では業績をあげたかもしれない。しかし、ヴィジョンなきところでの実務的効率性追求は、そこで得られた成果を、より広い文脈のなかに生かすことにはつながらなかった。

近衛は、側近としてすぐれた知識人を含むブレーン集団を擁しており、ヴィジョンの提示に大きな関心を持っていたことは疑いない。だが、ブレーン集団の助言に基づいて近衛が掲げたヴィジョンは、つねに借り物であったように見える。たとえば、一九三八年に彼が打ち出した「東亜新秩序」建設というヴィジョンらしきものは、内容が曖昧かつ空疎であった。しかも近衛は、このヴィジョンらしきものを実現するために、実行可能な措置をとろうともしなかった。

権力意志

最後に、歴史的構想力と理想主義的プラグマティズムに関わる要素として、個々の指導者が持つ権力観の重要性を指摘しておきたい。

ここでも、それが明快なのは中曽根である。中曽根は、日本の政治指導者には珍しいほど、自分の旺盛かつ強烈な権力意志を隠そうとはしなかった。理想実現のためには、そうした権力意志が不可欠だと考えたからにほかならない。彼は自らの理想のため、吉田がつくった保守本流を選ばず、小派閥に属しつつ、「風見鶏」と揶揄されたように派閥の力関係の変化を観察し、ついに権力をつかんだ。権力をつかんだときのための準備も怠らなかった。準備があったからこそ、理想主義的プラグマティズムの模範ともいうべき政治行動をとることができたのである。

中曽根の強烈な権力意志は、実は、強い責任感覚を伴っていた。「政治家は結果責任を問われる」「歴史の法廷で裁かれる」としながら、「政治家は目の前の現実に対処し、その責務から逃げることができない」「国家の将来は自分の決断ひとつにかかっているという恐ろしいほどの熾烈な重圧に立ち向かわなければならない」と中曽根は言う。この強烈な権力意志と責任感覚は、彼の歴史的構想力に根差していた。

吉田の場合も、中曽根ほど強烈ではないにせよ、権力意志が明確である。吉田は、初めて首相の座を提供されたとき、あまり乗り気ではなかったという。それは貧乏籤でもあった。だが、結局その籤を引いたということは、首相をやってみたいとの野心が彼にあったからでもある。そしてその野心は、「戦争に負けても外交で勝ってみせる」「自尊心を失わず占領軍と張り合ってみせる」という自負心に通じていた。さらに、その自負心は、プライドをもって占領期をしのぎ早期に独立を回復するのが自分の使命だ、という歴史感覚に支えられていた。

浜口はどうだろうか。浜口は、政党政治家であり、政党の総裁であったから、全力でもって政権をめざし、政権を握れば、それを最後まで維持しようとすることは当たり前である。つまり、浜口も権力を握り維持することに政治家としてのキャリアを賭けていたと言ってもよい。ただし、浜口は「強く正しく明るき政治」という理想に近い手法で政権をつかみ、できるだけ理想に近い方法で政権を維持しようとした。また、権力を握るのは、彼の歴史的使命を果たすためであった。

ところが、近衛も東条も権力を握ろうとはしていないのである。近衛は五摂家筆頭という家柄から政治指導者となることを運命づけられ、その知性に由来する魅力のゆえに政治指導者となることを期待された。だが、近衛自身に首相になろうという野心、権力欲があったとは思われない。首相となった近衛は、いつも周囲に辞めたいと言い、権力に執着する素振りを見せなかった。

東条に権力欲がなかったとは言えないかもしれない。だが、首相になりたいという野心があったかどうかは、かなり疑問である。陸相になるという野心はあっただろう。軍人として陸軍という組織を率いてみたいとは考えていただろう。しかし、首相となって、国家という複雑きわまる実体を率いたいとは考えもしなかったのではないだろうか。そして結局、東条は国家を、陸軍のように統制しようとしただけではなかったか。

かくして、近衛や東条に、首相となる権力意志がなかったとすれば、満洲事変以後における昭和戦前期、少なくともその四〇パーセントの期間を、日本は、首相となる意欲のない指導者と、首相となる準備のない指導者によって統治されていたことになる。明確な権力意志を持たず、それゆえ明確な責任感覚を持たない指導者によって統治されていたことになる。

本書は冒頭で、「指導者不在」の時代について、時代が指導者を不要としたのか、それともリーダーシップを欠いた指導者が時代を動かしていたのか、という問いを投げかけた。少なくとも昭和戦前期に関する限り、答えはおのずから明らかである。時代が指導者を不要としていたわけではない。それは、このあとの補論のテーマである宇垣一成への期待を見れば、よく分かるだろう。

現代も指導者を不要としているわけではない。だが、はたして現代の指導者には歴史的構想力があるだろうか。理想主義的プラグマティズムを持っているだろうか。その基盤にある確固とした権力意志と、それに伴う責任感覚を持ち合わせているだろうか。六人の昭和の指導者の実像から得られる今日的な示唆は、この点にこそある。

補論　宇垣一成待望論

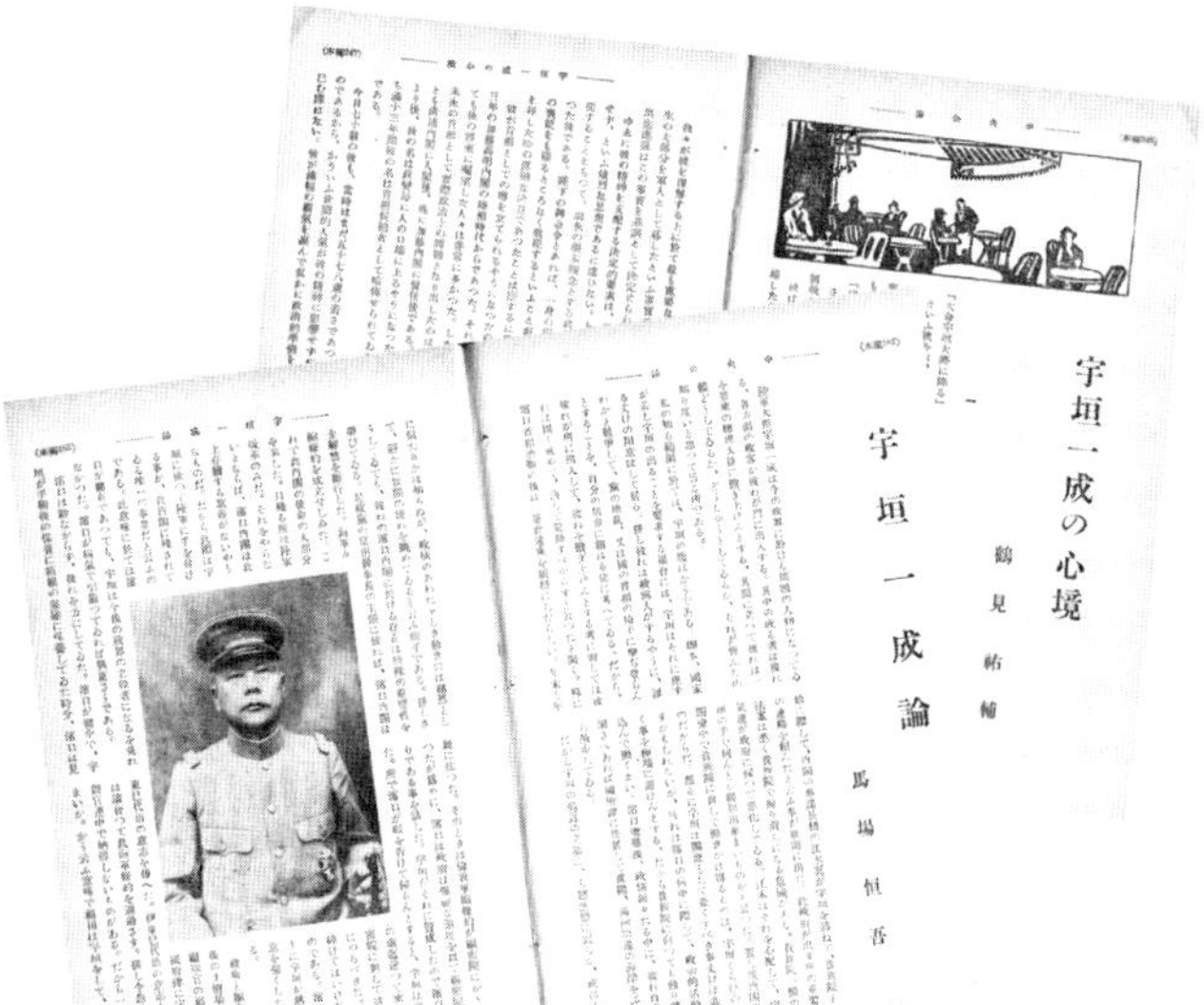

一八六八（慶應四）年岡山生まれ。陸軍士官学校一期生。陸軍大学校卒業後ドイツに留学。帰国後、参謀本部第一部長、陸大校長、第一〇師団長、教育総監部本部長、陸軍次官などを歴任。一九二四年清浦奎吾内閣、二九年浜口雄幸内閣の陸相に就任。その後朝鮮総督を経て、三七年組閣の「大命」を受けるも、陸軍の反逆にあい組閣に失敗。翌三八年、第一次近衛文麿内閣の外相兼拓務相となる。敗戦後、公職追放となるが、五二年に追放解除、翌五三年より参議院議員を務め、在職中の五六年没。

はじめに

宇垣一成をリーダーとしてとらえるならば、本来的に彼は軍事指導者である。一九二四（大正十三）年に陸軍大臣に就任して以降、五つの内閣の陸相を務め、陸相在任期間は通算五年に及ぶ。長州閥が凋落した後の陸軍に宇垣時代を築き、四個師団を廃止する宇垣軍縮をなしとげた。

その業績と陸軍内での指導力を買われて、やがて宇垣は政治指導者としての役割を期待されるようになる。一九三一（昭和六）年に予備役に入り朝鮮総督に就任、以前の臨時総督代理と合わせて約六年の植民地統治の経験を積んだ。その間、政変が起こるたびに宇垣は首相候補の一人と目され、「政界の惑星」と呼ばれた。宇垣自身、その旺盛な権力欲を隠そうとしなかった。

なぜ、宇垣はそれほど指導者として期待されたのだろうか。当時の人々は、宇垣のどこに指導者としての資質を認め、どこに望みを託したのか。期待すべき指導者を語るとき、なぜ宇垣でなければならなかったのか。こうした問いは、当時の日本人はどのようなリーダーを望んだのか、という問題を解明するための手がかりともなるだろう。

本稿は、主として一九三〇年代のマス・メディアで取り上げられた宇垣待望論を通し、当時の日本人の指導者像を抽出することを目的とする。

一　軍人政治家

前述したように、宇垣が政治指導者として期待されるようになった大きな理由は、陸相時代の軍縮を中心とした実績にある。その実績をなしとげた際に見せた彼のリーダーシップに、一般に通じる指導者としての資質が認められたと言えよう。たとえば鶴見祐輔は、まだ軍人時代の宇垣について次のように論じている。

日本はいま、経済上社会上の過渡期に立つてゐる。その急激に来た変化に戸惑ひして、大勢の国民が精神的に非常な不安を感じてゐる。それがそのまゝ写真のやうに出てゐるのが、今日の畸形的な政状だ。さうゆう時に大勢の人が、暗中に模索するやうに求めるのは、頼りになる人物、どつしりとして動かない男だ。それに丁度誂《あつら》へたやうに出来上つてゐるのが、宇垣一成といふ人の風貌だ。会つての感じだ。今までの仕事ぶりだ。

そこで何時ともなしに、宇垣だ、宇垣だ、といふ評判が出てきて、インキが吸取紙に拡がるやうに、日本中にひろがつていつたのだ。

それは今日の日本の政界が、いかにも人材払底だからだ。今まで国民の嘱望してゐた人が、或は死し、或は老いて、世間視聴の外に没してゆくと、後に残つた僅かばかりの人々が、夕方の星のやうに、急にきらきら光り出すのだ。

そのひとつの星が宇垣一成氏だ。[1]

鶴見によれば、急激な社会・経済的変化とそれに伴う不安定な政情、宇垣の実力と政界の人材払底が、宇垣待望論を生んだ。鶴見が一般の宇垣待望論を述べたとすれば、ほぼ同じ時期に、以下のように政界から生まれた宇垣待望論を描いたものもある。政界では「新時代の軍人政治家」として宇垣を担ごうとしている者が少なくない。宇垣は政友会にも民政党にも、さらには政党以外の勢力にも受けがよい。彼は「この雄大な政治的潜勢力」をどのように行使するだろうか。「サーベルにしては、珍らしく大きな謎を持つ男だ[2]」と。

馬場恒吾も政界の宇垣待望論について語っている。

陸軍大臣宇垣一成は今の政界に於ける問題の人物になつてゐる、各方面の政客が彼《か》れが門に出入りする。其中の或る者は彼れを将来の総理大臣に担ぎ上げんとする、其間に立つて彼れは一体どうしてゐるか、どうしやうとしてゐるか、それが皆んなの知り度《た》いと思つて居る所である。[3]

さらに、宇垣が現役を引退した後の論評だが、陸相時代の宇垣について、荒木武行はその政治的存在感を次のように描写している。

誰かゞ「宇垣は今にヒンデンブルグになる」と云つたものだつた。彼が単なる軍人ではなく、まるで政治家だ、と云ふ評判が高くなつた頃の「宇垣景気」と、云ふものは素晴らしいものであつた。宇垣時代が来た観があつた。内閣なども彼の考へ一ツで潰れもすれば興りもすると思はれた。[4]

これだけ宇垣待望論ないしその傾向が語られながら、しかし、彼の指導者としての資質を論じたものはあまりない。鶴見が、「彼〔宇垣〕は日本民族が、今殆んど無意識に要求してゐる三つのものを持つてゐる」とし、その三つを「勇気・実行力」「頭脳」「包容力」に要約しているくらいである。[5]

荒木武行は、宇垣の「人気」の理由として、「彼の風貌から受ける鋼鉄の如《よう》な感じ」と「政治家肌の機略」と「金を撒じた」ことをあげ、さらに元老西園寺公望の宇垣に対する信頼を指摘している。[6] 風貌と、金と、西園寺の支持は、宇垣の「人気」の源泉、あるいは政治的資産としてしばしば言及されることになる。

宇垣の人気の源泉、あるいは彼の指導者としての資質がどこにあると見られたかは別として、注目されるのは、宇垣が政治指導者に転じた場合のリスクとも言うべき点が、すでにこの時点で示唆されていることだろう。この点を鋭く指摘しているのは、ここでもやはり鶴見祐輔である。彼は以下のように論じている。

然るに彼は一面、非常に有利な地位に居るやうで、また他面非常に危険な地位に居る。その一つは、彼が評判がよ過ぎるといふことである。〔中略〕民政党によく、政友会にも悪くなく、元老にもよく、貴族院にも同情者多く、財界に後援者がある。〔中略〕その結果は、自重してどちら付かずに居るうちに時機が去つてしまふ。〔中略〕うつかりすると、自重して万全を策してゐるうちに好機が去つて、彼よりも若い人の舞台に転換してゆかないとも限らない。[7]

彼は欠点の少ない人間だ。それは往々にして、平凡に堕し易い。民衆は超凡を渇仰する。玄人は地味な平凡を好む。〔中略〕今のところでは、宇垣氏は玄人の評判で出さうな模様だ。ところが民衆政治の時代は、少数の玄人だけの思ふやうにはゆかない。どうしても大向の人気が必要だ。この欠陥を宇垣氏はどうして補はうとするのか。[8]

要するに、政治指導者として安定した支持基盤を構築しようとすれば、特に相互に対立する勢力から支持を得ようとすると、どうしても時機を逸したり、あるいは立場や主張が不鮮明となってしまったりする。また、政治家や官僚など政治のプロに評価されるには政治の「常識」の持ち主であることが必要だが、「民衆政治」にあっては、民衆あるいは世論の支持を得るために、「常識」を超えたパフォーマンスが求められる。この点は、馬場恒吾が、「現在の日本は政党政治に依つて支配されてゐる。政党政治は較々《やや》ともすれば民衆に迎合し、輿論に付和雷同する政治である。それは宇垣の性情とは余りに行き方が違う」と指摘しているところでもあった。[9]

二　政界の惑星

前述したように、予備役に編入され朝鮮総督に就任した宇垣は、政変が起きるとつねに首相候補にあげられ、「政界の惑星」と呼ばれた。ただし、「政界の惑星」と呼ばれたのは宇垣だけではない。たとえば政治評論家の御手洗辰雄は、宇垣、平沼騏一郎、安達謙蔵の三人を、阿部真之助は宇垣、平沼、鈴木喜三郎の三人を、黒旋風というペンネームの人物は、宇垣、平沼、安達、床次竹二郎、久原房之助の五人を「政界の惑星」としている。[10] これら六人のうち、実際に首相になったのは平沼だけで、あとの五人は結局「惑星」に終始したが、三人の評論家があげた「惑星」の中に平沼と宇垣が共通して入っていることに、ここでは注目しておきたい。

満洲事変直後の宇垣人気を示す論評を紹介してみよう。たとえば、斎藤貢という評論家は、「ブル〔ブルジョワ〕政界での第一の人気男宇垣一成は朝鮮総督となつて人気は正に百二十パーセントである」とし、かつて幅をきかせた陸軍大将の肩書きが今やハンディキャップとなった「軍閥逆境時代」を、「宇垣はうまうまと漕ぎ抜けて行くだけの手腕力量と識見がある」と述べた。斎藤は宇垣を「恒《つね》にサムシングを抱かせる男である」と評している。[11] 御手洗辰雄は、西園寺が宇垣に「総理の折紙をつけたとの噂」に注目し、「頭は良し、度胸はあり、人物もまた立派、無論現在の政界では第一流の首相級人物に違ひない」と論じている。[12]

宇垣の人気が高まり彼が首相候補と目されたのは、満洲事変の過程で五・一五事件により犬養毅内閣が崩壊した後、政党内閣への復帰が困難とされたからである。御手洗によれば、「日本の非常時風景が続く限り憲政常道への復帰はちょつとまだ難しい」と判断され、こうした状況下で最も可能性の高い首相後継者として考えられるのは平沼と宇垣だが、「宇垣、平沼の順位の方が、より現実的であり、常識的だ」とされた。[13]

政党内閣への復帰が困難なのは、政党に有力なリーダーがいないことに理由の一つがあった。阿部真之助は、「昨今の政党首領の不作」を強調し、鈴木喜三郎（政友会総裁）も町田忠治（民政党総裁）も「御粗末を極めたもの」であるので「党首のスゲ替へを思ふものは、一応誰しも、宇垣推戴を考へつくものらしい」と皮肉り、「これは、夫《そ》れ程宇垣が偉いと解するより、それ程現在の政党総裁が低劣だと解するを至当とする」と述べている。[14] 政党内閣の凋落と政党指導者の不在とが、宇垣待望論を強めたのである。

宇垣への期待は、彼が朝鮮総督をソツなくこなしたという事実にも支えられていた。つまり、朝鮮総督の統治実績が政治指導者としてのテストに合格した証だと見なされたのである。ある評論家は、宇垣の朝鮮総督赴任後、「朝鮮の山は青く、田は黄色くなつた。だから鮮人間の評判もよい。之等は皆彼の政治家たるの資格を語るものである」と述べ、かつて寺内正毅も斎藤実も朝鮮の統治を担当した後に首相となったわけだから、「宇垣の前途光明なしとは誰も言はれまい」と指摘している。[15]

統治の実績に加えて、宇垣には幅広い支持があると見られたことも彼に対する期待を高めた一因である。佐々弘雄は次のように観察している。宇垣の政界への勢力は、民政党、政友会、さらには国民同盟の一部にも及んでいる。元老や牧野伸顕など重臣筋にもよく、大阪実業界方面でも少なからぬ期待を持たれている。無産政党や転向派にも連絡があり、浪人政客にも支持があるというから、「相当広汎に亘る勢力圏」が構築され、「その扶殖せる地盤は相当の範囲に及ぶ」と。[16]

このように期待と人気と支持が高かったにもかかわらず、しばらくの間、宇垣は「惑星」にとどまり続けた。政変のたびに次期首相候補者とされながら、首相の声がかかることはなかった。こうした事情を馬場恒吾は次のように分析している。過去数年間、政界上層部は「何にもしない総理大臣」を求めてきた。「斎藤〔実〕がスロー・モーション、岡田〔啓介〕がノー・モーションと云ふのはこの空気の要求する理想的な態度であつた」。これに対して「宇垣は総理大臣になれば何かするであらうと思はれた」、つまり、「何かをすれば危険だ」と思われたことが、宇垣に首相の声がかからなかった理由である、と。[17]

宇垣が危険視されたのは、その支持層の広さに問題があるとされたからである。広範な支持層の中には、現状変革をめざすいわゆる革新勢力も含まれていた。これに対抗する現状維持勢力の間では、政権を握った宇垣が革新勢力をバックにして急進的な政策をとる可能性が警戒された。また、三月事件との関わりも、宇垣を危険視する見方に関係していただろう。陸相時代の一九三一年、三月に予定された軍事クーデター計画に同意しておきながら、その後、政党総裁に担がれる可能性が出てくると、計画を否定し裏切った、という噂が広がっていた。この噂自体が問題だったうえに、陸軍が三月事件への関わりを理由として宇垣排斥を主張していた。

しかしながら、やがて現状維持勢力の間では宇垣を危険視する傾向が後退してゆく。佐々は、宇垣擁立を図る運動の共通点として、「（1）統制方針の徹底。（2）満洲建設についての資本家の協力を可能にし且つ速進すること。（3）対連盟、対列強強硬外交の緩和。（4）ファッショ団体運動の抑制。（5）議会政治擁護、政党復活の方策」の五つをあげ、これらは「中間層急進運動の抑圧」をめざす「政界、財界、官界の一般的空気を表現するものである」と分析した[18]。

佐々とは対極的な立場から、同じ結論に到達した論者もいた。この論者は、宇垣内閣が登場したならば「対満政策に就いては、資本家との提携協力を積極的に行ふであらうことが考へられるし、外交方針は軟化し、ファッショ団体運動の弾圧、議会政治の擁護、政党政治の復活等が予想される。現在の政界、財界、官界一般の空気を代表した政治の確立を見るであらう」と警戒を促した[19]。

現状維持勢力が宇垣に最も強く期待したのは、満洲事変以降、政治的影響力を大きく高めた軍部を抑えることであった。陸軍部内の抵抗を排して軍縮を実現した宇垣ならば、軍部を何とか抑制できるはずだ、と考えられたのである。佐々があげた「統制方針の徹底」とは、軍部に対する統制を意味していた。岩淵辰雄は、「宇垣に対する期待は、つまり宇垣ならば、政治的手腕もあり、軍部に対しても貫禄を持つてゐる。衰へたりと雖も、未だ部内に相当の支援を有してゐるから、彼ならば……………〔伏字〕、非常時を平時に帰すことが出来るだらうと云ふ所にある」と述べている[20]。また、馬場恒吾によれば、宇垣が政界の評判になる理由は、「彼れならば軍の統制を行ひ得ると期待されたからである」とされている[21]。

三月事件についても、少なくとも現状維持勢力の間では、事件との無関係を弁じた宇垣の説明が受け入れられていった。三月事件への関わりを理由として宇垣の登場を喜ばないのは陸軍であったから、それゆえかえって、陸軍を抑えるために宇垣を擁立しなければならないと考えられることになった。御手洗は、宇垣の「政界入りに大きな敵が控へてゐる。死争も敢て辞せずといふ凄い相手である。而もそれが彼れの本城たるべき××だから意外ではないか」と述べたが、この「××」が陸軍ないし軍部であることは明らかだろう。御手洗は、「この××の強行軍を抑へ得る者は、平沼でなく、政党でもなく、宇垣ならばといふのである。〔中略〕このまゝ過せば恐るべき不治の重症たるべき情勢さへ見えるに至り、宇垣ならば斎藤より力もあり押しも利くといふ観察も行はれはじめた」と指摘している。[22]

一方、宇垣への期待が高まるにつれ、彼に対する批判が強まることも避けられなかった。もともと宇垣については、その自信過剰や権力欲を批判する声があった。そうしたなかで宇垣の人格を激しく批判したのは阿部真之助である。阿部は新聞記者時代に宇垣と何らかの悶着があったらしく、その批判はきわめて辛辣であった。阿部は、宇垣という人物の「複雑性」を、「投げやりに見せて、細心であり、豪傑を気取つて、神経質であり、温情家の如くして、エゴイストであり、見え坊で、気取屋で、人一倍功名心に燃えてる癖に、無頓着で、平民的で、枯淡の風格の持主であるかの如く、振舞つたりする。一口には、「喰えない男」といふに尽きやう」と描写し、「試みに、宇垣に、鶴見祐輔の首を置き替へたなら、彼の政治的価格は半減することでもあらう。詐欺師が詐欺の看板を担いでゐては、商売にならないと、同様だからである」と、宇垣のシンパである鶴見をも一緒くたにして批判した。[23]

阿部の批判には、やや悪意がにじんでいる。ただし、その批判には一面の真理も含まれていた。まず、彼が批判する宇垣の性格の「複雑性」「喰えなさ」は、宇垣を有力な首相候補者とする主要な理由であった。阿部は言う。もし「次の内閣が、絶対的に政党的のものであれば、勿論宇垣は問題にならない。同様に、それが絶対的に非政党的のものであれば、宇垣は候補者たる資格を持たないものである。ところが昨今の政界は、政党のものとも、非政党のものとも、力の分野が明瞭でないので、宇垣のやうな、どつち附かずの存在が、有力視される所以《ゆえん》なのであらう[24]」。

阿部は、宇垣の「複雑性」あるいは曖昧さ、二面性が彼を「有力視」させる理由だと指摘したが、それは同時に阿部がきびしく批判するところでもあった。

われ等は、宇垣が政治的野心を持つて、様々の政治的行動を採りつゝあるのを、目にし耳にするのであるが、どんな政治をやるかについては、噂話にも聞いたことがないのである。〔中略〕彼がある機会に云つたことがある。「何事をやるにも確信を持たねばならぬ。確信は力だ。政治も、確信さへあれば、立派にやつて行かれるものだ」と。それはその通りであるが、確信は無方策からは生じない。無策から生じた確信は、確信でなくつて誇大妄想だ。でなければ、世間を胡麻化《ごまか》す、インチキ精神である[25]。

宇垣の主張あるいは政治的立場については、かねてから、その曖昧さを指摘する声があった。たとえば、宇垣内閣があり得るとすれば、民政党総裁としての場合と「所謂フアッショ内閣の主班としての場合」との二つがある、[26]といった見方がそうである。ほとんど相容れない対極的な可能性が示唆されたのである。宇垣の曖昧さは、彼の支持勢力の中に相互に対立する分子が含まれていることに起因していた。次のような見方は、その点をついたものといえよう。

宇垣と雖も既成政党を引具して旧《ふる》き議会主義の夢をもてあそぶことは許されない時代である。と云つて、宇垣その人に新しい革新思想と政策の鮮やかな血のしたゝるやうな生物の持ち合せがあるとも思へない。〔中略〕宰相としての宇垣一成も、結局は現状維持勢力と躍進勢力との均衡のうへに立つて独占資本が操作する上からのフアシズムの舵手を承るほかないであらう。[27]

宇垣の朝鮮総督時代に政務総監を務め彼のブレーンとも言うべき今井田清徳は、同じことを逆の角度から語っている。

大将を現状維持派の自由主義の最後の一人だと見るものもあるやうであるが、他の一面には、又非常に革新的な意見を持ちその思想はファッショであると云ふ向もある。斯様に、同時に相反する見方があるのは、大将が一方に偏せられざることを物語るものであると共に、誰にでも会つて率直に話をせられる所から誤解も生ずるのではないかと云ふことが思ひ当るのである。

大将は大勢を達観する先見の明を以つて、中道を歩まるゝと云ふ行き方である。[28]

今井田の言う「中道」は曖昧さに通じた。「誤解」は宇垣があえて仕向けた結果かもしれなかった。曖昧さを批判するのは、阿部だけに限らなかった。革新勢力寄りの来間恭は、「現状維持か、改革か。――それは、宇垣に対する重臣連の疑問であると同時に軍部の革新派が、彼に抱く疑惑であり、更にまた、国民一般が彼に問はんとする課題でもある」と述べ、「陸軍部内に、宇垣を支持する分子があるのは、革新派の頭目としての宇垣を信じてゐるから」だが、「重臣や、政党方面に対しては、宇垣は現状維持派としての、自らを然るべく表現してゐる」と指摘し、「この巧みな、手さばきが、実際政治家としての彼の手腕であるかも知れぬ。事実、彼の有する広汎な勢力は、かかる手腕の賜物だらう」と、なかば揶揄気味に論じた。来間によれば、宇垣の曖昧さは、「政権が今一息といふところまで来てゐながらいつも、彼を素通りして去つてしまふ原因の一半」でもあった。[29]

一九三六年の二・二六事件の後、ようやく宇垣内閣の気運が高まってゆく。ただし、このときもその性格については、対立する二つの可能性が予想された。岩淵辰雄は、「宇垣に与へられてゐる途《みち》は、いま、二、二六事件を契機として澎湃として漲《みなぎ》つてゐる、所謂庶政一新の潮流に乗るべきか、議会政治、政党政治の復活に力点を置くべきかの二つにある。宇垣はその何れを選ぶかである。これまで政界、殊に政党が宇垣に望みを嘱したのは、宇垣が政党を理解し、議会政治の復活に努力するだらうと思ふからである」と論じた。[30] 馬場恒吾も二つの可能性を認め、政党の頼りなさを慨嘆しながら、「宇垣が英雄であるか否かは知らないが、世間にはかれを英雄視するものが多い。平凡政治に倦いた国民は英雄政治に誘惑を感じ易い。英雄政治がフアッショであつては考へものだが、政党に活を入れる意味の英雄政治ならば、何人も反対すまい」と、[31] 宇垣が現状維持勢力の側で政党政治を改革することに期待を表明した。

一九三七年一月、ついに宇垣に組閣の大命が降下した。しかし、よく知られているように、陸軍の横槍によって宇垣は組閣を断念せざるを得なくなる。対立する勢力を支持基盤に抱え込もうとしてきた宇垣の鵺《ぬえ》的な曖昧さが、政治の表舞台への登場を遅らせ、最終的にはそこからの退場を余儀なくさせたと言えよう。それは、彼の支持者の鶴見祐輔がかつて憂慮したとおりであった。

三　同情

宇垣に組閣の大命が降ったとき、メディアはこれをおおむね好感をもって迎えた。『東京朝日新聞』は、「組閣者が他の勢力に操らるゝ単なるロボットであつてはならぬことは勿論、矯激なる時勢の緩和剤的存在に止まり、矛盾衝突する各種勢力を調和するだけの役を果たしてゐたのでは、確固強力なる政治を行へないことは、前三代の内閣によつて国民が明かに経験したところである。〔中略〕宇垣氏の如きは僅かに数へらるゝ首相級人物の一人たるをことを否めないのである」と論じ、『読売新聞』は、「宇垣大将は従来屢々《しばしば》首相候補にあげられ、その閲歴手腕力量については既に定評のある所であり、難局打開の適格者として何人の脳裡にも描き出さるる候補者である」と述べた。また、『東京日日新聞』は、「宇垣氏こそ後継内閣の首班たるべき最適任者の一人といふを妨げないであらう」とまで持ち上げた[32]。

馬場恒吾によれば、政党も財界も、国民一般も宇垣内閣を歓迎した[33]。石浜知行はメディアの宇垣支持に着目し、「一般言論のかゝる宇垣氏支持は、絶対的に宇垣内閣を歓迎するといふよりも、むしろそれによつて急進ファッショの実現を阻止せんとする相対的態度と評すべきであらう」と観察した。[34] 結果的には、そうした宇垣支持のありようが内閣流産につながったのかもしれない。宇垣嫌いの阿部真之助は次のように分析している。

これは私の想像であるが、宇垣が超然として、超然内閣を組織すべく志したのであれば、軍部の人々も、ああまで猛烈に、反撃を加へることはなかつたと思ふ。しかし宇垣は、〔中略〕政党と深い因縁を持つて居るのであつて、彼が全政党の勢力を背景として立つた時、これに脅威を感ずるもの説明を要せずして明白だ。この意味で、宇垣がのるかそるかは、政党主義の関ヶ原だつたのである。然るに宇垣は、あのやうに、無惨の敗北を味はざるを得なかつた。これはまた、政党の敗北だつたのだ。[35]

阿部によれば、宇垣は「全政党の勢力を背景として」組閣を試みた。それは、馬場の表現を使えば、「急進ファッショの実現を阻止せんとする」試みであった。それゆえ「急進ファッショ」勢力と衝突し、宇垣の試みに「脅威を感ずるもの」＝軍部の妨害に直面したということになる。

宇垣内閣への期待が高かっただけに、それが流産すると、宇垣のもとには大きな同情が集まった。組閣の大命拝辞後の数日間だけで、四二〇〇通ほどの激励文が寄せられたという。[36]

こうした傾向を見て、「人間宇垣への世間の同情は、宇垣内閣の出現を、二三年後に必ず具体化させずには置くまい」との観測を述べる評論家もあった[37]。

宇垣シンパの鶴見祐輔は、この同情を積極的にとらえ、失敗に終わった組閣工作のなかから「国民的指導者」としての宇垣が生まれたと論じた。鶴見は次のように述べている。「民衆は何日の時代に於ても、強いものを信ずる。太い線を引いて、明瞭な輪郭を描くものを信ずる。独逸の民衆がヒットラーに牽かれたのもそれであり、亜米利加の民衆がローズヴェルトに牽かれたのもそれである」「何かしら新しい改革の途を切り開いて、せつぱ詰つた今日の生活苦から脱出したいといふ大衆の要望は、いづれかの日にある個人の姿を借りて、一個の指導者として結晶するのだ」「さういふものを、今日の大衆は求め探してゐる」。宇垣の前に開かれているのは、「この民衆の懐の中に入る道である[38]」。

鶴見は、宇垣が軍事指導者と植民地統治者を経て「国民的指導者」に生まれ変わろうとすることに展望を見出そうとした。明確なヴィジョンを描いて国民を力強く指導するリーダーになり得ると鼓舞した。これに対して岩淵辰雄は、「同情」の意味を取り違えるべきではないと説いた。岩淵は以下のように言う。宇垣内閣流産に対する輿論の同情は、まるで「民意宇垣に在り」と思わせるものがあった。しかし、宇垣や彼の支持者が、「国民の輿望我れに在り」と信じているとすれば、それは間違いであり、もう一度反省する必要がある。宇垣流産の本当の意味は、民意や輿望の所在ではなくて、「強いもの〻正体をハッキリと国民の前に指し示した」ことにこそある。そして宇垣自身はそれに敗れて引き下がったのである、と。[39]

この岩淵の指摘は、一九三七年十月、近衛首相が内閣参議を設置したとき、宇垣がその一人に選任され、またぞろ宇垣内閣期待論が出てきたことに対する警告であった。「強いもの〻正体」すなわち陸軍中枢との関係がしっかり構築されない限り、あるいはその勢力を弱めない限り、国民指導者としての宇垣の復活は無理だ、と岩淵は示唆したのであった。

四　安堵と期待

支那事変（日中戦争）が勃発して、その長期化の様相が見えてきたころ、宇垣は内閣参議に起用された。内閣参議は、政府批判勢力になり得る有力者を取り込もうという思惑と、大臣候補者をプールして今後の内閣強化に備えようという目的をもって設置された。そして翌一九三八年五月、事変解決をめざした近衛首相は、外相、陸相、蔵相を更迭するという内閣の大改造に着手する。この改造により、宇垣は、広田弘毅に代わって外務大臣に就任した。後藤新平以来、初の外交畑以外の専任外相であった。

参議そして外相に就任した宇垣に対する期待と評価はかなり高い。たとえば、「宇垣の参議としての意見は、さすがに一時陸軍の大御所といはれただけに、戦略的にも要所を衝いてゐたと云はれる」と、[40]彼の戦略的判断力を高く評価する声があった。また、「未だに政界にも財界にも宇垣の出馬に期待してゐるものが少なくない。宇垣ならば、必ず何事か為すであらうと思つてゐる」と、[41]依然として漠然とした期待もあった。杉山平助は、宇垣人気の理由として、以下の四点をあげている。①「大局が見えるといふ期待」、②「あまり馬車馬的に突進して、却つて国家を誤るといふやうな憂ひは絶対にあるまい、といふ安堵」、③「決して現状に満足せず、必ず何等かの局面打開と改革を遂行するだけの閃《ひらめ》きがあるだらうといふ期待」、④「自己の所信を行はんとするにあたり、それだけの力と、智慧と、情とを、兼ねあはせて具へてゐるであらうといふ彼の人物に対する信頼の念[42]」。安定感への「安堵」と改革への「期待」は、しばしば矛盾をはらみながら、つねに宇垣に寄せられてきたものであった。

宇垣に対する期待は彼の実務能力や政治能力の評価のほかに、政治のマンネリズム、「倦怠感」から脱却を求めるムードのせいだとする観察もあった。この観察によれば、日本国民は「政治の当局者に対して直ぐ飽きつぽくなるせいなのか、とかく内閣が少しでも長続きすると、それに対して一種の倦怠を覚えて来る傾向がないでもない」。したがって、国民が一時意外の感に打たれながら宇垣外相の登場を拍手喝采して歓迎したのも、それが「政治的倦怠症に陥つて居た世間の情勢に甘《うま》く投合したせいと考へられるのである」とされている。[43]

むろん、こうした安易なムードに投じた期待や人気だけだったのではない。事変解決の糸口すら見えなくなった事態に外交指導者としての能力発揮を期待する声も小さくなかった。野方頑という評論家は、「外相としては全くの未知数」の宇垣が、まだ何もやらないうちから好評をもって迎えられたのは、彼が「素人」だからだと指摘している。つまり、宇垣ならば外務省の因襲や情実に捉われないで、白紙の上に新しい計画を立て、「それを素人らしい率直さでぐいぐいと推し進めて行くであらう」と期待されたからである、と。[44]

同じように外交評論家の清沢洌《きよし》も、「日本は久し振りに外交を持つた。外交には素人である宇垣外相によつてである」「広田といふ外交界出身の専門家が、聡明ではあり、保身の術はあるが、歯がゆいほど勇気がなくて尻餅をついてゐた後を受けて、かれには確かに外交がある」と、宇垣外相への期待を語った。そして清沢は、「宇垣外相の出足は確かにいゝ」と宇垣外交の船出に満足の意を表したのである。[45]

岩淵辰雄によれば、宇垣外相に期待されたのは、事変解決と外務省の人事刷新であった。[46]特に重視されたのは後者である。「彼の外相就任によつて、霞ヶ関から欧米追随主義外交が一掃されるであらう」と期待されたからである。[47]先に紹介したように、宇垣に対しては、「あまり馬車馬的に突進して、却つて国家を誤るといふやうな憂ひは絶対にあるまい、といふ安堵」と、「彼は決して現状に満足せず、必ず何等かの局面打開と改革を遂行するだけの閃きがあるだらうといふ期待」が寄せられた。しかし、こうした「安堵」と「期待」は必ずしも両立しなかった。むしろ、矛盾・対立する場面が予想された。

かつて鶴見は、「民衆政治」のもとで政治の「玄人」の評価と「民衆」の期待とが、しばしば矛盾する可能性を指摘したが、外交についても、ほぼ同じことが当てはまったのである。列国との協調を重視する「玄人」の現状維持勢力は宇垣に「安堵」したが、「民衆」を代表すると称した革新勢力は「期待」を語った。「安堵」と「期待」が交錯する焦点となったのは外務省人事であった。外務省人事刷新に対する革新勢力の典型的な期待は、「宇垣ならば、伝統と因習に固まつた霞ヶ関外交を清算することが出来るであらうし、欧米追随、和協主義の旧殻をぶち破つて、真に自主的な日本外交を展開することも出来るであらう。又、部内大臣では出来なかつた外務人事の大刷新を断行し、親英民主々義者の巣窟であつた外務省に清新潑剌たる空気を注入するに違ひないと考へられてゐた」という指摘に見ることができよう。「外務大臣宇垣に対する世上の好評」には、「歴代腰抜け外交への不満が反映して」いた。[48]

しかし、こうした期待はやがて失望に変わった。「宇垣人事には、第一に幣原イズムの復活が指摘される。幣原イズムは、和協主義であり、保守主義であり、現状維持、親英民主々義である。霞ヶ関が従来腰抜け外交の罵声を浴びて来たのも、主として此の幣原イズムを清算出来ないところにあつた」と批判され[49]、また、「〔人事〕異動の蓋を開けて見たら、素人らしさのやり過ぎではなく、玄人流の平凡さに、先《ま》づ驚いた。〔中略〕一向変り映へのせぬ異動に内心失望を禁じ得なかつたことは事実である。〔中略〕宇垣の人事を以つて、日本の必然的方向に逆行するものだとの批評が勃りかけてゐる」とも評された[50]。

こうした失望や批判を、清沢洌は、「外務省は無論として、どこの省だつて、人事行政に弊害はあるが、行詰つてなどはゐない。これを行詰つてゐると感じ、宇垣外相がその辺に手をつけないことに失望してゐる者は『出世主義』の役人と、それから不思議に役人心理で物を考へたがる新聞記者だけである」とたしなめたが[51]、それに耳を貸すものは少なかったようである。

そしてその後、宇垣はほとんど見るべき実績をあげずに、一九三八年九月末、突如外相を辞任してしまう。在任わずか四ヵ月にすぎなかった。興亜院設置反対が辞任の理由とされたが、実際のところ、よく分からないというのが一般の印象であった。「宇垣には、その個人に勇断を与へ、その外側上下に冷静なる支持を求め、さうして難局を処理させて見たかった[52]」と惜しむ声もなかったわけではないが、多くが辞職に批判的だったことは疑いない。「彼の辞職はその理由に於いて名分を欠き、その時期に於いて慎重を欠いてゐると云ふ点は衆評の一致してゐるところである」とされた。有馬頼寧農相は宇垣の辞職を「灯火管制中の火事」と評したという。[53]

実は、元老西園寺は宇垣の外相起用に反対だったという。近い将来いずれ宇垣内閣に登場してもらわなければならないが、そのためには宇垣にこれ以上傷をつけてはならない。外務大臣は最も傷がつきやすいし、「傷がついたら再び使ひ物にはならぬ」というのが西園寺の判断だったとされる。[54] 事実、西園寺はほぼ同じことを秘書の原田熊雄に語っていた。[55] 西園寺が懸念したとおり、傷ついた宇垣がその後、期待される政治指導者として復活することはなかった。

宇垣辞職の原因について、ある政治コラムニストはそれを「宇垣の信ずる所と、内閣の行き方と言ふものが根本的に違ふて居る事」に求めている。つまり、「宇垣は現実主義の政治家、従つて保守的色彩を抜け切れず、その政策は現状から飛躍する事は出来ん。堅実な政治家として西園寺の信任を博するのも、財界や政界に多年輿望を負ふて居るのもすべてこれがために外ならん。然るに、近衛内閣は、内政も外政も未曾有の大革新政策を行はねばならん運命にある」ということになる。近衛内閣の「大革新政策」は「時の勢、時局の圧力がさうさせて居る」ものであり、「宇垣が凡庸な政治家なら、この大勢に黙従して調子を合せた」だろうが、「宇垣は結局名利を撰ばず信ずる所に殉じた」。[56]

もともと宇垣は、「現実主義」と「大革新政策」との交錯したところに自らの立場を位置づけようしていた。だが最終的に彼が選んだのは「現実主義」であり、それが内閣流産をもたらし、外相辞任にもつながったのである。

むすび

宇垣一成待望論というタイトルを掲げながら、本稿で扱ったのは大部分が雑誌メディアに掲載された宇垣一成の人物論である。雑誌に掲載された宇垣論のすべてが宇垣待望論だったわけではない。宇垣論の少なからぬ部分は待望論の解説であった。また、阿部真之助のように、いわば宇垣拒否論を展開した論者もあった。

しかし、にもかかわらず、本稿で取り上げた宇垣論が、当時の人々はどのような政治指導者を求めていたのか、政治指導者に何を期待していたのか、を率直かつ雄弁に語っていることは明らかである。昭和戦前期の日本人が指導者を語る際に、宇垣と同じくらい、あるいは彼を上回る頻度で俎上に載せたのは、おそらく近衛文麿だろう。近衛は三度、首相となったが、宇垣は一度もなれなかった。

冒頭で述べたように、宇垣は通算五年陸相を務めた。陸相（陸軍卿を含む）経験者が首相となった例は、宇垣以前に四例ある。山県有朋、桂太郎、寺内正毅、田中義一の四人である。

これだけでも、宇垣が首相候補者とされる理由は充分にあった。さらに、宇垣以前の朝鮮総督四人のうち、二人（寺内、斎藤実）は首相となった。この点でも、宇垣が首相候補者となる条件は充分であった。

職歴上の資格だけではない。宇垣には、軍縮実現という実績があった。朝鮮統治の成績は、抜群だったとは言えないまでも、少なくとも合格点は獲得した。軍政指導者として、植民地統治者として、宇垣は折り紙付きであったと言ってもよい。

昭和戦前期に宇垣待望論が登場したのは、このような宇垣の能力や業績に対する高い評価とそれに基づく大きな期待があったからである。しかし、それだけではない。冒頭に紹介した鶴見祐輔の観察に示されているように、社会・経済の変化に伴う人心の動揺や、党利・党略の横行と見られた政情不安、さらに政界の人材払底が、宇垣への期待を強めた。部内の強力な抵抗を排して軍縮をなしとげた宇垣の胆力、実行力、組織把握力が、強靭で新鮮な政治指導者としての魅力として受け取られた。

鶴見の観察によれば、宇垣に対する期待は、政治の「玄人」と「民衆」の双方から寄せられた。政治の「玄人」たる政党政治家は、二大政党の政友会と民政党のどちらも、宇垣を担いで政権の維持あるいは獲得をめざそうとした。元老や重臣の間でも、あるいは財界でも、三月事件にまつわる噂を気にしながら、宇垣の安定感あるリーダーシップに魅力を感じ、西園寺のように、宇垣に一度、政権を取らせてみたいと考える者が少なくなかった。

一方、「民衆」の側では、政党政治の「倦怠」と「凡庸さ」からの脱却を宇垣に託した。[57] それは「英雄待望論」に一脈通じるところがあり、澱《よど》んで不安な現状に変化を求めるものであった。現状からの変化を志向する点では、既成政党に挑戦していた無産政党も同じであり、これも宇垣支持勢力の一部であると見られた。急進的な「ファッショ」勢力さえ、宇垣による抜本的な変革を望んでいると観測された。宇垣に対して幅広い支持があるとされたことは、人々の宇垣に対する期待をさらに高めた。

しかしながら一般に、広範な支持があるということは、確固とした支持基盤が不在であることを意味しがちである。しかも宇垣の場合、支持層の中に、現状維持と革新という相互に対立した勢力が含まれていた。対立する支持勢力をつなぎとめておくために、宇垣の立場や主張はことさら曖昧となった。阿部真之助はしばしばそこを攻撃したわけである。

結局、最終的に宇垣が依拠しようとしたのは政治の「玄人」であり、その点で現状維持を志向する勢力であった。もともとこうした勢力のほうに宇垣の政治的立場や体質が近かったからだろう。「民衆」が渇望する常識を超えたパフォーマンスを演じることもできなかった。変化ないし変革を求める「民衆」や革新勢力はやがて、曖昧な立場を取り続け、最終的には現状維持勢力に傾斜した宇垣に失望を表明してゆく。宇垣内閣流産の際、「民衆」が示したのは、政治に横車を押した陸軍の横暴に対する無言の反撥であり、それに屈せざるを得なかった宇垣への同情であった。鶴見が望んだような「国民指導者」への脱皮や復活への期待ではなかったように思われる。

革新勢力に属する評論家は、宇垣が外相を辞したとき、次のように論じている。

宇垣は確かに大政治家である――もつと正確に云へば――であつた。だが、過去の時代に於いて大政治家であつた者が、今日の時代に於いてもまた大政治家であり得るとは限らない。大政治家とは、最も文字通りの意味に於いて「時代の児」であるし、またあらねばならぬ。大政治家たるの第一の要件は、常に時代の先頭に立つてその流れを明察し、それを正しい方向に導いて行くに足る正しい認識と実力とを具備してゐることである。

宇垣が、かう云ふ意味での大政治家であるかどうかと云ふことは、先般の組閣失敗の経緯に照らして既に充分に証明せられてゐたことである。あの時既に宇垣は政治的には一個の廃人として烙印を押されたのも同様であつた。[58]

この一〇年ほど前、宇垣は有力な首相候補者と見なされ、政治指導者として彼を待望する声が広がった。宇垣は「時代の児」的な扱いを受けたとも言えよう。だが、それから一〇年経って、「政治的には一個の廃人」というのはともかく、もはや宇垣待望論は聞かれなくなった。

その後、政界の一部では、吉田茂などを中心として、宇垣を擁立しようとする工作が試みられる。それは、破局に向かって進みつつある国家の暴走を食い止めるために、あるいは破局としての日米戦争突入後は早期和平達成のために、宇垣を擁立して陸軍を抑えようという工作だったが、こうした工作がマス・メディアによって取り上げられることはなかった。陸軍のきびしい統制の下で、メディアは宇垣擁立工作を取り上げたくても、できなかったのかもしれない。しかし、おそらくは政界の大部分でも、「民衆」の間でも、そしてメディア自身にも、もはや「宇垣待望論」は存在しなかったがゆえに、擁立工作は取り上げられなかったのだろう。

戦後、宇垣は主権回復後の初の参議院議員選挙で最高得票を得て当選したが、これも彼に対する期待というよりも「同情」によるものであった。「宇垣一成待望論」は一九三八年段階でほぼ消滅していたのである。

註

1 鶴見祐輔「宇垣一成論」『改造』一九二九年七月号、六八頁。
2 「昭和人物月旦」『文藝春秋』一九二九年七月号、一五七頁。
3 馬場恒吾「宇垣一成論」『中央公論』一九三一年二月号、一八二頁。
4 荒木武行『新政治家列伝』(内外社、一九三二年)六〇頁。
5 鶴見「宇垣一成論」七二―七四頁。
6 荒木『新政治家列伝』六〇頁。
7 鶴見「宇垣一成論」七四頁。
8 同右、七四―七五頁。
9 馬場「宇垣 成論」『中央公論』一九三一年二月号、一八九頁。
10 御手洗辰雄「政界惑星物語」『中央公論』一九三二年十二月号、阿部真之助「鈴木・平沼・宇垣」『中央公論』一九三三年六月号、黒旋風「政界の惑星五人男」『現代』一九三四年三月号。
11 斎藤貢「宇垣一成論」(一九三一年九月執筆)、斎藤『転換日本の人物風景』(大東書房、一九三二年)所収、一一五頁、一二二頁。
12 御手洗「政界惑星物語」一九三頁。
13 同右、一九五頁。
14 阿部真之助「宇垣と南」(一九三五年七月執筆)、阿部『現代世相読本』(東京日日新聞社、一九三七年)所収、三四〇―三四一頁。
15 城北隠士『昭和怪傑伝』(東亜書房、一九三六年)四六頁。
16 佐々弘雄「宇垣一成の政治的立場」『日本評論』一九三三年一月号、佐々『人物春秋』(改造社、一九三三年）所収、二七八－二七九頁。
17 馬場恒吾「宇垣一成論」『中央公論』一九三六年九月号、一一三頁。
18 佐々「宇垣一成の政治的立場」二八〇－二八一頁。
19 大野慎『久原房之助と宇垣一成』（東京パンフレット社、一九三五年）五〇－五一頁。
20 岩淵辰雄「宇垣閥と荒木閥」『改造』一九三三年一月号、一〇二頁。
21 馬場「宇垣一成論」『中央公論』一九三六年九月号、一一〇－一一一頁。
22 御手洗「政界惑星物語」一九四－一九五頁。
23 阿部真之助「宇垣一成論」阿部『新人物論』（日本評論社、一九三四年）所収、八八－八九頁。
24 同右、九〇－九一頁。
25 同右、九二頁。
26 荒木『新政治家列伝』六四頁。
27 風見文造「宇垣一成はどこへ行く」『日本評論』一九三六年九月号、一五八頁。
28 今井田清徳「宇垣大将」『文藝春秋』一九三七年四月号、一六三頁。
29 来間恭『今日を創る人々』（信正社、一九三六年）五八－五九頁。
30 岩淵辰雄「宇垣と南」『改造』一九三六年九月号、三二四頁。
31 馬場「宇垣一成論」『中央公論』一九三六年九月号、一一六頁。
32 一九三七年一月二十五日付の各紙社説。石浜知行「危機政変覚書」『中央公論』一九三七年三月号、一四五頁から再引用。
33 馬場恒吾「政局はどうなる」『中央公論』一九三七年三月号、一五五頁。
34 石浜「危機政変覚書」一四七頁。

35 阿部真之助「宇垣から林まで」『日本評論』一九三七年三月号、阿部『現代世相読本』所収、一九一頁。
36 鶴見祐輔「宇垣一成の心境」『中央公論』一九三七年三月号、二五一頁。
37 膳武太夫「南、宇垣、荒木」『改造』一九三八年四月号、一二九頁。
38 鶴見「宇垣一成の心境」二五一頁、二五三頁。
39 岩淵辰雄「宇垣と末次」『中央公論』一九三七年十二月号、四五頁。
40 野中重太郎「宇垣と荒木」『日本評論』一九三八年七月号、一八九頁。
41 岩淵辰雄「宇垣外相論」『中央公論』一九三八年七月号、一四一頁。
42 杉山平助「宇垣新外相」『改造』一九三八年七月号、一一五頁。
43 高田俊介「宇垣外交は果して期待出来るか」『話』一九三八年九月号、六―七頁。
44 野方頑「宇垣外相は何をしてゐるか」『日本評論』一九三八年八月号、一五四―一五五頁。
45 清沢洌「宇垣外交論」『改造』一九三八年九月号、七〇頁、七一―七二頁、七九頁。
46 岩淵「宇垣外相論」一四五頁。
47 野方頑「宇垣外相は何をしてゐるか」一五五頁。
48 成田章一「宇垣人事とその背景」『中央公論』一九三八年十月号、三五一―三五二頁。
49 同右、三五八頁。
50 関口一太郎「宇垣人事異動の裏面」『日本評論』一九三八年十月号、三四六頁。
51 清沢「宇垣外交論」七五頁。
52 伊藤正徳「宇垣退場の波紋」『改造』一九三八年十一月号、四六頁。
53 野方頑「宇垣外相の退陣」『日本評論』一九三八年十一月号、八八頁。

54 山浦貫一「宇垣の退陣と補充失敗」『中央公論』一九三八年十一月号、二四五―二四六頁。
55 原田熊雄述『西園寺公と政局』第六巻（岩波書店、一九五一年）三三〇頁。
56 城南隠士「宇垣退陣とその後」『文藝春秋』一九三八年十一月号、七二頁。
57 西園寺の宇垣起用論については、たとえば原田熊雄述『西園寺公と政局』第三巻（岩波書店、一九五一年）三〇九頁、同第四巻（同、一九五一年）二三三頁を参照。
58 野方「宇垣外相の退陣」八九頁。

あとがき

本書の成り立ちについては、まえがきですでに述べているので、ここで繰り返す必要はないだろう。本書のもとになった拙稿は左のとおりである。

「昭和の指導者」『鵬友』二〇一三年五月号、七月号、九月号、十一月号、二〇一四年一月号、三月号

「宇垣一成待望論の実相」戸部良一編『近代日本のリーダーシップ』千倉書房、二〇一四年

これらの拙稿の転載を、『鵬友』編集部と千倉書房は快く許してくださった。心から御礼

申し上げたい。

まえがきに紹介した二つの共同研究（国際日本文化研究センターの指導者像と指導者論に関する共同研究と、野中郁次郎氏主宰の国家経営とリーダーシップに関する共同研究）に参加した方々からは、さまざまな研究上のインスピレーションをいただいた。あらためて感謝したい。

おそらくあまりよくは知られていなかったはずの、いわば埋もれていた拙稿に関心を示して、本にしないかと誘ってくださったのは中央公論新社の吉田大作氏である。吉田氏とは、『逆説の軍隊〈日本の近代9〉』（一九九八年：中公文庫、二〇一二年）、『外務省革新派』（中公新書、二〇一〇年）以来、三度目の一緒の仕事になった。そして今度もまた、多くの点で私をサポート、というよりもリードしてくれた。感謝するばかりである。

『逆説の軍隊』が刊行されてから、高校生あるいは大学生時代にあの本を読んだ、と言ってくれる人に出会うことがときどきある。嬉しい限りである。本書もそうした境遇に恵まれてほしい。若い世代に読んでもらって、日本の近現代史を、教科書とはちょっと違った角度から眺めるきっかけにでもなれば、著者としてこれ以上の喜びはない。

本年（二〇一九年）三月末、私は四三年間の教員生活（防大、日文研、帝京大）を終えることになる。本書の出版は、期せずしてその区切りをつけるにふさわしいものになった。区切りとは、教員生活にピリオドを打つことだけではない。新しい生活での研究の再出発のつもりでもある。

日本近現代史には、私にとってまだ充分に理解できないことや、明快に説明できないことがたくさんある。そのうちの一つでも多く、理解し説明できるようにすることが、私の今後の目標となろう。

戸部良一

二〇一九年三月五日

装幀　間村俊一
カバー・表紙写真
（上）朝日新聞社／ゲッティ
（下）Getty Images

戸部良一（とべ・りょういち）

1948年宮城県生まれ。京都大学法学部卒業、同大学大学院法学研究科政治学専攻博士課程単位取得退学。博士（法学）。防衛大学校教授、国際日本文化研究センター教授、帝京大学教授など歴任。国際日本文化研究センター名誉教授、防衛大学校名誉教授。著書に『ピース・フィーラー――支那事変和平工作の群像』（吉田茂賞）、『失敗の本質――日本軍の組織論的研究』（共著）、『逆説の軍隊』『外務省革新派――世界新秩序の幻影』『自壊の病理――日本陸軍の組織分析』（アジア太平洋賞特別賞）ほか。

昭和《しょうわ》の指導者《しどうしゃ》

2019年4月10日　初版発行

著　者　戸《と》部《べ》良《りょう》一《いち》

発行者　松田陽三

発行所　中央公論新社
〒100-8152　東京都千代田区大手町1-7-1
電話　販売 03-5299-1730　編集 03-5299-1740
URL http://www.chuko.co.jp/

ＤＴＰ　今井明子
印　刷　図書印刷
製　本　大口製本印刷

Published by CHUOKORON-SHINSHA, INC.
Printed in Japan　ISBN978-4-12-005184-5 C0030